消費者行動と
マーケティング・リサーチ

遠藤雄一 ［著］

創 成 社

はじめに

本書は，消費者行動とアンケートの質問票の作り方を初めて学ぶ大学生を対象にしている。通信教育部の学生も使用することから，講義で話していることを文字起こしするようなテキストになることを心掛けた。ご存じのように，通信教育部の学生たちは，講義を聴講せずに，テキストだけで学習している。そのため，できるだけ，テキストを読むだけで，講義を聴講しているように感じられるテキストを作成したいと考えた。

したがって，本書の中では，同じ話が何度か繰り返されており，話がくどく感じることもあるだろう。普段，テキストの執筆では同じ話を繰り返さないように作成するものである。しかし，実際の講義では，大切なところや以前の説明に類似するもの，実際は異なるものであるが，一見すると同一のものと見えるものについては，振り返りと称して過去に話した説明をすることがたびたびある。本書を読んで，話がくどいと感じたときは，講義を聴講していると思ってもらえたらありがたい。講義と同じように，くどいと感じるところがあれば，本書の中でも大切なところ，必ず理解して欲しいところと思ってもらえたらよいと思う。

さて，本書を執筆する上での問題意識である。これまで消費者（顧客）を対象にした多くのアンケートの質問票を見てきたが，「これで適切な回答が得られるのだろうか」，「この質問票を分析して，適切な解が見つかるのだろうか」といった疑問を持つことが多々あった。それは，私たち（消費者）のことを理解しようとしない，あるいは私たちの行動（消費者行動）を理解しないままに，アンケートの質問票を作っているためだろう。そのため，本書は消費者行動論を中心に説明し，その上で，最後の章でアンケートの質問のしかたを説明している。

ただし，本書で説明している理論やモデルなどは，消費者行動研究の
それぞれの分野の一部のみを紹介しているだけであり，消費者行動研究
のすべてを網羅しているわけではない。もし，本書を読み，消費者行動
研究に関心を持ったなら，より詳しく書いてある書籍を探してもらいた
い。また，マーケティング・リサーチについても，数多くあるリサーチ
手法の中からアンケート調査についてだけ説明している。統計的分析法
については説明していない。本書ではアンケート調査の中の質問票の質
問のしかた，考え方についてのみ説明している。

　一般に，マーケティング・リサーチに関する書籍の多くは，統計的な
意味や解析手法などが中心にあって，アンケートの質問票そのものに関
心を持つものは少ない。しかし，いくら統計的な手法を学び，適切な解
法を学んだところで，そのもとになるアンケートの質問票が適切でなけ
れば，適切な解を求められないことは言うまでもない。統計的な解析手
法については数多くの書籍が出版されているので，その中から自分に合
った書籍で学んでもらいたい。

　最後に，恩師である黒田重雄先生（北海道大学名誉教授）には，大学院
入学以来，長年にわたりご指導をいただいている。また，普段，研究会
でお世話になっている溝渕新蔵先生，加藤敏文先生，村越憲三先生，金
成洙先生，須川清一先生にも大変お世話になった。この場を借りて感謝
の意を表したい。

　最後に，本書の出版を快諾していただいた創成社の西田徹氏，中川史
郎氏には，執筆作業が遅々として進まない私を辛抱強く待っていただい
た。心より感謝の意を捧げたい。

　2025 年 4 月

遠藤雄一

目　　次

はじめに

第 1 章　消費者行動を理解することの難しさ —————— 1

第 2 章　消費者とマーケティング ———————————— 9
　1．消費者とは ……………………………………………… 9
　2．私たちの心理的な欲求について ……………………… 12
　3．マズローの 5 段階欲求説 ……………………………… 13
　4．マズローの 5 段階欲求説と消費者行動 …………… 16
　5．社会・経済の変化と消費行動の変化 ……………… 19
　6．マーケティングとリサーチ ………………………… 24

第 3 章　消費者の価値と価格 ———————————————— 32
　1．私たちが商品選択時に考えていること ……………… 32
　2．価値・価格とは ………………………………………… 34
　3．時代による価値の変化 ………………………………… 37
　4．消費者の購買選択における価値 …………………… 41
　5．情報の受け取り方による消費者の態度 …………… 49

第 4 章　消費者のブランド・カテゴライゼーション ——— 53
　1．ブランドと選択肢過多 ………………………………… 53
　2．消費者の商品選択の複雑さ …………………………… 55
　3．ブランド・カテゴライゼーションの枠組み ………… 56
　4．ブランド・カテゴライゼーションの整理 …………… 61

第**5**章　消費者の認知と絞り込み ——————— 64

　　1．商品選択の絞り込みと多属性効用理論 ……………………… 64

　　2．多属性効用理論における選択方法 ……………………………… 66

　　3．多属性効用理論による選択方法の整理 ……………………… 70

第**6**章　商品に対する関与 ———————————— 74

　　1．アサエルの購買行動累計 ……………………………………… 74

　　2．池尾の消費者の行動類型 ……………………………………… 78

第**7**章　ネット時代の消費者の購買行動とは ——————— 82

　　1．情報の非対称性とフェイク情報 ……………………………… 82

　　2．完全合理的な商品選択行為 …………………………………… 85

　　3．ネット利用による商品選択の絞り込み …………………… 87

　　4．消費者行動研究から考えるネット広告 …………………… 90

第**8**章　消費者はどのように購買を決定しているのか —— 93

　　1．各学問領域における消費者行動研究 ……………………… 93

　　2．消費者行動の包括的モデル ………………………………… 97

第**9**章　アンケートの質問票 ————————————— 107

　　1．消費者行動と調査手法 ………………………………………107

　　2．質問票の形式 …………………………………………………110

　　3．二肢選択法の用い方 …………………………………………113

　　4．多肢選択法の用い方 …………………………………………115

　　5．意味尺度法 ……………………………………………………123

　　6．順位法と評点法 ………………………………………………129

　　7．アンケート作成の注意点 ……………………………………135

索　　引　147

第1章

消費者行動を理解することの難しさ

　消費者の行動を完璧に予測することができるのなら，消費者の行動をコントロールすることもできるということになる。しかし，それは今のところ不可能であるし，今後もできないだろうと思う。とはいえ，消費者の思考などに接近し，理解できるのならば，より精度の高い予測をすることは可能になる。それを目的とする学問が消費者行動研究である。この章ではまず消費者の行動を予測することがいかに難しいことなのかということを説明したい。

　私たちは日常生活の中で途方もないほどの意思決定をしている。少し前，私たちは1日に最大で 35,000 回もの意思決定をしている[1] ことが話題になった。これには話すときの言葉，食事や交通手段など，私たちが無意識で行っていることもすべて含めた回数であるが，この回数の是非はともかく，朝に目が覚めたときから「もう布団から出ようか…もう5分は寝られるんじゃないか…」，「布団から出たら，先にシャワーを浴びようか…その前にトイレに行こうか…」など，さまざまなことを考え，意思決定している。

　もちろん，そうした無意識の意思決定は消費者の行動とは無関係と考えるかもしれない。では，具体的に意識して意思決定をしていることを考えてみよう。

引っ越しをすることになり，住む場所や部屋を決めるときは，「通勤時間を考えて，職場の近くに…」，「仕事を終えた後に遊べるように繁華街の近くに…」，「なにより，治安のよい場所にしたい」などである。これらの条件のすべてを満たす場所はないから，自分の価値観の中からなにかを優先して決めることになるだろう。もちろん，家賃にかける予算も重要だろう。アパートやマンションの選択でも1階が良い，あるいは4階以上が良い，角部屋が良いなどとその人の好みもあるし，まったく気にしない人もいる。あなたのもっとも仲の良い，気心の知れた友人が，住む場所や部屋をどういう基準で決めるのかわかるだろうか？

就職する企業の選択ではどうだろう。結婚にしても「いつ」，「誰」とするかなど，私たちの選択の意思決定は，さまざまな場面で行われる。こうしたことは過去に経験してきたことや情報を入手して，記憶に残っている事柄から影響を受けている。

商品の選択も，過去の経験や入手した情報，そしてこれらに関連する記憶に残っている事柄から選択する。このことに大きな違いはないのである。

冒頭で述べたことではあるが，消費者の行動を理解することは意外に難しい。私たちは表面的に思っていることと，実際の行動が一致しないことが良くある。インターネットで，昨日，夜遅くまで時間をかけて調べて購入する商品を決めたのに，朝起きたら，違う商品が良く見えて購入に迷ってしまうこともある。「値段の高いお店と安いお店なら，必ず安いお店で買う」と言う人も，必ずしもそうしているとは言えない。コンビニエンス・ストア（コンビニ）とスーパーマーケット（スーパー）では，スーパーの方が安く売っている。それがわかっているのに，私たちはコンビニを利用する。

私たちのそうした価値意識は，ほとんどが潜在意識下にあって，顕在化（表面に出ていて，はっきりしている）しているのは3％だとか，5％だとか言われている。いわゆる氷山でたとえられているように，本人が自

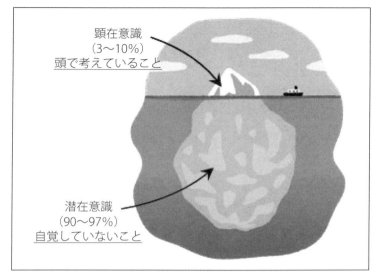

覚していることはごくわずかで，ほとんどは普段，意識されていない，無意識の深層の中にあるとされる。よって，自覚している顕在意識だけを知ったところで，その人の行動を予測できない。

アリエリーの著書[2]に紹介されている例から考えてみる。

私たちの判断基準には「**社会規範**」と「**市場規範**」があるという。社会規範とは社会や集団の中で私たちに期待されている考えや行動，道徳的な事柄で判断することであり，市場規範とは金銭的価値で判断することである。

イスラエルの託児所で子どもの迎えに遅れてくる親に罰金を科すことが有効であるかを調査した。罰金を科すことによって，子どもの迎えに遅刻する人を減らそう，無くそうという考えからのものである。はたして，罰金を科したことによって遅刻する親は減少するのだろうか。

遅刻した分はお金で帳消しになるのだから，迎えに遅刻するか，しないかは自分の判断で決められるということになる。結果は，遅刻する親

4

は減るどころか，遅刻する親が増えたそうである。

　罰金を科す前は遅刻しては，申し訳ないという社会規範で行動していた親たちであったが，遅刻したら罰金で解決できるとなれば，後ろめたさを感じなくなる。社会規範から市場規範に判断基準が変容したのである。

　ここで少し考えてもらいたいのだが，罰金を科すべきかを検討したときに，「もし，迎えに遅れた場合，それに応じて課金するとしたら，子供の迎えに遅刻をしないように気をつけますか？」という質問を親にした場合，どのような回答をするだろうか。ほとんどの親は「遅刻しないように気をつける」と回答するだろう。そうなれば，「罰金を科すことには効果がある」という結論が導き出されるのではないか。罰金を科した場合の結果は，上記の通りである。

　こうした社会規範による消費者の行動を考えてみる。2020年頃にはじまった新型コロナウイルスによって，外食需要の大幅な減少や果物狩りなどの体験農園の観光客の減少など，農畜産物が廃棄される状況にあることが広まると，それを見て購入してあげようとする消費者が数多くいた。また，2021年には中国による台湾産パイナップルの輸入禁止措置を聞き，日本では台湾産パイナップルが手に入らなくなるほど売上が増えたとの報道があった。こうした人の行動は「社会規範」としての購買行動がベースにあるといえるだろう。もちろん，こうしたことにまったく関心を持たず，購入しなかった消費者も数多くいる。消費者はさまざまである。消費者の行動の違いの多くは，普段は表出化しない潜在的意識にある。

　自分ができることで社会に貢献しようとする消費者は存在し，落ち着いた後は，もとの「市場規範」による購買に戻る。消費者の行動は，一般的に金銭的価値で商品を購入する「市場規範」である。しかし，場面によって市場規範ではなくなるときもある。

　はたして，こうした消費者の行動をあらかじめ予測することは可能な

第1章 消費者行動を理解することの難しさ | 5

のだろうか。上記のような場面に出くわしたときに，あなたの友人がどのように行動するか的確に予測することは可能だろうか。長年の付き合いがある友人の行動ですら，完璧に予測することはできないだろう。それなのに見ず知らずの，話したこともない人の行動を予測できるのだろうか。

　さて，アリエリーの著書からもう一つ紹介したい。私たちの選択は，絶対評価で選択しているのではなく，相対評価としてなんらかの比較検討のもとになにかを選択している。

　英国エコノミスト誌の購読契約の Web サイトについて，マサチューセッツ工科大学（MIT）の大学院生 100 人を対象に調査したものである。

　図表 1 － 2 では，Web 版「エコノミスト・ドット・コム」のみの購読は 59US ドルで，「印刷版（雑誌）およびウェブ版のセット」すなわち

| 図表 1 － 2 | 『エコノミスト』誌・購読案内 I ① |

エコノミスト・ドット・コム	購読のご案内
オピニオン	
国際	こちらは〈エコノミスト購読申し込みセンター〉です。
ビジネス	ご希望の新規購読または継続購読のタイプを選択してください。
金融・経済	
科学・テクノロジー	□**エコノミスト・ドット・コムの購読**── 59US ドル
人	
本・芸術	エコノミスト・ドット・コム〈ウェブ版《エコノミスト》〉を 1 年間購読できます。また，1997 年以降の《エコノミスト》の全記事にオンラインでアクセスできます。
市場・データ	
こぼれ話	□**印刷版およびウェブ版のセット購読**── 125US ドル
	印刷版《エコノミスト》を 1 年間購読でき，さらに，1997 年以降の《エコノミスト》の全記事にオンラインでアクセスできます。

出所：Dan Ariely（2009）（熊谷淳子訳（2013））

印刷している雑誌と Web 版の両方の購読は 125US ドルである。マサチューセッツ工科大学（MIT）の大学院生 100 人がどちらを選択するのか，その結果は…

　・Web 版「エコノミスト・ドット・コム」のみの購読　……　68 人
　・「印刷版（雑誌）およびウェブ版のセットの購読」　……　32 人

であった。この結果は皆さんも想定したのではないだろうか。

　次に選択肢をもう一つ追加している図表 1 − 3 を見てみる。

| 図表 1 − 3 | 『エコノミスト』誌・購読案内 I ② |

エコノミスト・ドット・コム	購読のご案内
オピニオン	こちらは〈エコノミスト購読申し込みセンター〉です。
国際	
ビジネス	ご希望の新規購読または継続購読のタイプを選択してください。
金融・経済	
科学・テクノロジー	□**エコノミスト・ドット・コムの購読**── 59US ドル
人	
本・芸術	エコノミスト・ドット・コム（ウェブ版《エコノミスト》）を 1 年間購読できます。また，1997 年以降の《エコノミスト》の全記事にオンラインでアクセスできます。
市場・データ	
こぼれ話	
	□**印刷版の購読**── 125US ドル
	印刷版《エコノミスト》を 1 年間購読できます。
	□**印刷版およびウェブ版のセット購読**── 125US ドル
	印刷版《エコノミスト》を 1 年間購読でき，さらに，1997 年以降の《エコノミスト》の全記事にオンラインでアクセスできます。

出所：Dan Ariely（2009）（熊谷淳子訳（2013））

第1章　消費者行動を理解することの難しさ　|　7

　図表1－2に追加された項目は，2つ目の「印刷版の購読」である。Web版「エコノミスト・ドット・コム」のみの購読は59USドル，「印刷版」のみの購読は125USドル，「印刷版（雑誌）およびウェブ版のセット」の購読は125USドルの3つから選択するようになっている。「印刷版の購読」と「印刷版（雑誌）およびウェブ版のセット」は同じ価格の125USドルである。「印刷版（雑誌）およびウェブ版のセット」を選択すれば，印刷版に加えてウェブ版は無料サービスとして提供するということである。

　さて，その結果であるが…

・Web版「エコノミスト・ドット・コム」のみの購読　……　16人
・「印刷版の購読」　……　0人
・「印刷版（雑誌）およびウェブ版のセットの購読」　……　84人

であった。図表1－2のような2択では，半数以上が「Web版「エコノミスト・ドット・コム」のみの購読」を選択していたのに，図表1－3では8割以上の人たちが「印刷版（雑誌）およびウェブ版のセットの購読」を選択した。「印刷版の購読」を追加することで，消費者の選択が変わったということである。同じ値段なら，「印刷版（雑誌）およびウェブ版のセットの購読」が，とてもお得だという判断をしたのだろう。

　このように消費者は絶対的な基準によって，選択しているのではなく，なんらかの比較対象から選択するものを決定している。

　ところで，A店とB店は同じようなものを販売しており，店の大きさもほぼ同程度だとする。商圏も来店客の客層も同程度だとしても，商品陳列や隣り合わせの商品，並べ方などによって，A店で売れているものが，B店ではあまり売れ行きが良くないことがある。特に比較的価格の高いものについては，カテゴリー内の商品の並び順によって売り上げに変化があるといえる。

このように予測するためには，消費者の行動を理解することが必要である。消費者の行動を予測するには，消費者行動研究の理論やモデルなどを学習し，それを応用できることが大切である。消費者行動論は，予測が難しい消費者の行動ではあるが，考えるきっかけとなる。予測する上での見方や考え方を提示している。それを学ぶことは，先に述べたように消費者に接近し，理解し，より精度の高い予測をする助けになる。

【注】

1) Sahakian, B. J. & Labuzetta, J. N. (2013), *Bad moves: how decision making goes wrong, and the ethics of smart drugs.*, Oxford University Press.
2) Dan Ariely (2009), *Predictably Irrational, Revised and Expanded Edition: The Hidden Forces That Shape Our Decisions*, HarperCollins. (熊谷淳子訳 (2013), 『予想どおりに不合理』, 早川書房。)

第2章

消費者とマーケティング

1. 消費者とは

　ブリタニカ国際大百科事典小項目事典に，**消費**とは「人間の欲望を満たすために物財を費やす行為」とある。たしかに，私たちは「おなかが空いた，喉が渇いた」と食べ物や飲み物を買ったり，友人の持っているものを見て「私も××が欲しい！」と思ったりする。

　消費者についての研究は，経済学において古くから行われてきた。その中では商品やサービスを購入し，消費する主体であり，満足度の効用が最大化するように探索するとされる。しかし，これをよく考えてみると，はたして私たちは常に「満足度の効用が最大化する」ような商品選択をしているのだろうか。

　もちろん，高価なものを購入するときは慎重に商品を選択している。しかし，例えば，お菓子のポテトチップスを購入するときなど，効用が最大化するように商品選択をしているとは思えない。「いつも購入していて，この味が好きだから」，あるいは「前回とは違うものにしよう」などといった選択をしていることがよくある。納豆や豆腐，醤油や塩などの調味料などはどうだろうか，選択するときにいちいち効用最大化を考えて，商品選択するよりも「いつも買っているモノ」や「一番安いモノ」を購入している人が多いのではないか（本当は，販売している商品一

つひとつをしっかりと吟味すれば，より満足度が高いモノが見つかるかもしれない）。

　それでは**消費者**とは誰を意味するのか。もちろん，すぐに浮かぶのは商品を購入する人である。しかし，国や自治体の調査では世帯を表すときがある。例えば，内閣府では消費動向調査を毎月実施している。その中で消費者態度指数（消費者マインドとも呼ばれる）などの用語が使われているが，調査内容からすれば，ここで使われている消費者とは世帯のことである。このように，私たちが消費者からイメージするものと異なる意味で用いている場合もあることを知っておく必要があるだろう。

　とはいえ，私たちが一般に消費者と呼ぶ場合は世帯ではなく，個人を指す。しかし，それでもときには少し複雑な思考が必要になるときがある。よく「消費者のニーズに合致する商品やサービスの開発と提供が必要である」と耳にする。ここでいう消費者は商品やサービスの対価を払い，それを使用する人ということになる。しかし，小さな子供向けのおもちゃの場合は，商品の代金を支払うのは親であり，それを使用するのは子供である。そのため，子供が欲しがる商品・サービスを開発することは当然ではあるが，代金を支払う親が購入する／しないの最終決定を下すため，親の要望も商品・サービスの開発には含める必要がある。よって，子供向けの商品開発を行うメーカーでは，親も子供も，両方を消費者として考えなければならない。

　商品を利用する人と代価を支払う人が異なる場合は他にもある。友人／知人へのプレゼント，お中元，お歳暮の贈答用品などの商品である。利用する人と代価を支払う人が異なる商品については両面の消費者を念頭に置く必要がある。

　ところで，なぜ私たちはモノを購入し，消費するのだろうか。「生きていくため」，「豊かな生活をしたいから」，「優越感を感じたいから」など，さまざまな理由が思いつく。同一のモノを購入する人たちも，その理由も購入者それぞれ異なる。ある人にとっては「必要に迫られて」だ

ったとしても，他の人には「自慢したいから」であるかもしれない。自動車はそうした消費者間の違いがよくあらわれるように思う。仕事に自動車が必須の人は「生活するため」だろうし，「生きていくため」だろう。しかし，プライベートの時間にドライブを楽しみたい人には，いつでもドライブに行けるという自己満足や友人への自慢があるかもしれない。もしかしたら，ドライブが趣味の人の中にはより多くの満足感を得るために高価な外国車を購入する人がいるかもしれない。

また，理由は一つだけではなく，「豊かな生活をしたいから」という理由の人も，「優越感を感じたいから」という気持ちが少なからずあるのかもしれない。仕事で自動車を使うためだけなら，最も安い必要最小限の車種で十分である。でも多くの場合は，多少値が張っても自分の好みに合わせた車種を選ぶだろう。

皆さんは「友人たちが持っているから同じモノが私も欲しい」と思ったことがないだろうか。逆に「友人たちが持っているから同じモノは欲しくない」と思ったことがないだろうか。衣服やアクセサリーのようなものでは，友人と同じデザイン，同じ色のモノを身につけたくないと思う人も多いだろう。すなわち，表面的なところでは「価格重視で選択する」，「品質重視で選択する」と言っても，第１章で説明したように，消費者の購買行動はその人の潜在意識にある深層心理に大きく影響している。消費者の行動は千差万別なのである。

消費者ニーズに合致し，消費者の欲求をかき立てる商品を作りたいということは，すべてのメーカーが考えていることである。しかし，一人の消費者だけなら時間をかければ理解することが可能かもしれないが，不特定多数の消費者を理解することはとても難しい。とはいえ，メーカーにしても，小売業者にしても，ただ一人の消費者に販売するわけではなく，できるだけ多くの人の琴線に触れる商品を開発したいし，販売したい。消費者を理解しようとする試みが消費者行動研究である。

2. 私たちの心理的な欲求について

　前節で，消費者はさまざまな欲求によって購買の行動が起きることを説明した。ここでは消費者の欲求とは何かについて説明する。

　私たちの行動には必ずといっていいほど，目的と手段が存在している。購入する商品の選択は目的を達成するための手段である。食事を例にすると，どのお店で食事することを選択するだろうか。ファストフードから高級なレストランまで，空腹を満たすという目的を達成するためにはさまざまな選択がある。一人で食事をするとき，仲のいい友人たちと食事をするとき，後輩たちを連れて食事に行くとき，恋人と食事に行くとき…，たぶんそれぞれで食事に行くお店は違うのではないか。またそれぞれで，許容する食事代も異なるだろう。一人で食事に行くときに，2,000円の食事代をかけようとは思わなくても，久々に恋人と食事に行くのなら2,000円でも許容できるものである。

　ときにはおなかは空いていないけれど，友人との付き合いで食事をすることもある。この場合はあきらかに空腹を満たすことが目的ではないのに食事をしに行く。

　次に自家用車の購入を考えてみる。通勤などで必要に迫られて，自家用車を購入する人もいるが，自家用車がなくても困らなくても（あれば，便利ではあるだろうが），多くの人が購入している。それは，知人が車を持っており，劣等感を感じたくないために，あるいは他者から羨ましいと思われたいために購入しているのかもしれない。もしかすると，休みの日に一人ドライブに行くことが趣味で自己満足を得たいと考えているのかもしれない。少なくとも，公共交通機関が充実しているのならば，少数を除いて自家用車を持つ合理的な理由はない。

　余談ではあるが，昨今の「若者の車離れ」の本質的な理由はここにあるのではないか。すなわち，価値観の変化で自家用車を持つことが，優

越感や自己満足にならなくなっている。車以外に優越感や自己満足を得るモノがあるならば，車を購入する理由がなくなるからである。

　なんらかの商品を欲しいとする人の背景には，その人にとってなんらかの目的が存在し，それを満たすために（目的を達成する手段として）それにもっとも適したモノを選択するのである。

　そうした動機づけは，人それぞれ多様である。「食事」という一つの事柄でさえ，おなかが空いたという本能的な動機を満たすための場合もあれば，自尊心・尊敬されたいという動機のときもある。単なる「おなかを満たす」以外の目的があることが往々にしてある。

　また人は置かれている環境によっても異なる。例えば，自尊心のあり様も所属する社会によって異なる。スポーツ選手であれば，鍛え上げられたフィジカルな肉体であるかもしれないが，研究者であれば肉体に自尊心を持つ人はほとんどいないだろう。研究者であれば自尊心は膨大な知識を持つことかもしれない。

3．マズローの５段階欲求説

　人間は，常に何かを欲しているという。ほんの短い時間を除いて，完全な満足の状態に到達することはほとんどない。一つの願望が満たされると，それに代わって次の願望が現れてくる。さまざまな欲求には一種の序列が存在するという。

　こうしたことは，**マズローの５段階欲求説**[1]から説明できる。マズローの欲求説は，モチベーション理論として応用されることが多いが，消費者を喚起する動機づけを説明することも可能であろう。

　図表２−１にあるマズローの５段階欲求説は「生理的欲求」，「安全の欲求」，「所属と愛の欲求」，「承認の欲求」，「自己実現の欲求」の５つに分類されている。

　生理的欲求とは本能的なものである。空腹やのどの渇きなどがある。

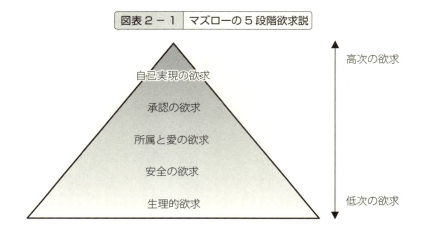

先に述べたが、私たちの欲求には序列があり、生理的欲求は何よりも優先される欲求であるといえる。しかし、私たちは多少の空腹でも、生理的欲求を満たす（食事）よりも他の欲求を満たそうとする。それは、いつでも食事ができるという確信があるためである。

安全の欲求とは安全や安定を求める欲求である。日本は他国と比較して、秩序が守られており、安全であり、生活も安定しているため、この欲求に気づいていない人も多い。

生理的欲求と安全の欲求は低次の欲求であり、何よりも優先される欲求である。世界にはこの欲求が満たされていない国がたくさんあることを忘れてはいけないだろう。

所属と愛の欲求とは、友人や恋人、学校や職場といった自分の所属する場所において、自分の居場所がある、ありたいと思う欲求である。私たちは所属している場所での孤独感、孤立感は耐えられないものである。生理的欲求、安全の欲求といった低次の欲求が満たされ、それから高次の欲求を求める。

「食事」は生理的欲求と思われがちだが、現代は友人との関係構築や関係の維持を求めて食事をする。先の動機づけの目的と手段で説明したが、特におなかが空いているわけではないが、友人から食事に誘われる

と断りにくいと感じる。これは友人との関係を構築する，あるいは関係を良好にする目的である。そう考えるならば，この場合の「食事」は生理的欲求ではなく，所属と愛の欲求といえるだろう。

ところで，昨今は PC，スマホによるオンラインゲームを多くの人が楽しんでいる。大勢の人たちが参加し，仲間を作るゲームが数多くあるが，仲間を作りはじめると，ゲームを止めたくてもなかなか止めることができない。ゲーム自体には飽きていてもである。これも私たち自身は意識していないにしても，仲間を失いたくないとする所属と愛の欲求を求めていると考えられる。「ネット時代になり，消費者は変わった」という話をときどき聞く。しかし，形を変えても私たちの欲求と行動は変わらず，これまでの研究から説明できるということである。

ほとんどの日本人は，低次の欲求である生理的欲求と安全の欲求が満たされている。多くの人にとって，実質的に最も優先される欲求が所属と愛の欲求なのではないか。それが所属と愛の欲求に関心が集まるのだろうと感じる。日本は同調が強いと言われるのはそれであると思う。

承認の欲求とは，他者から尊敬されたい，認められたいと思う欲求である。所属と愛の欲求が満たされているのなら，次は周囲から一目置かれたい，評価されたい，慕われたいと思う。友人たちや部下あるいは後輩を連れて「食事」に行くとき，奢るという行為をする場合がある。それは承認の欲求といえるのではないか。

食事が「空腹を満たすだけ」，「知人との関係構築のため」，「周囲から慕われたい」では，それぞれ選択するお店が違うことは想像がつく。ところが私たちのこうした目的は，特に意識をしているわけではなく，無意識の中で行われていることである。後輩を連れて「食事」に行き，奢るという行為を尊敬されたい，認められたいからしている行為とは，奢っている本人は考えていないだろう。

そして，最高次の欲求として自己実現の欲求がある。周囲から一目置かれたい，評価されたい，慕われたいといった承認の欲求が満たされた

次に求める欲求である。これはすでに他者から十分に評価された後に，自己充足を求めることである。世界で成功した多くの富豪たちが，引退後に慈善事業を行う財団を作るケースがよく見られる。彼らのこうした活動を自己実現の欲求なのではないかと思う。

4．マズローの5段階欲求説と消費者行動

　消費者の欲求という視点から見れば，生理的欲求と安全の欲求の2つは物質的な欲求とも身体的な欲求ともいえる。所属と愛の欲求，承認の欲求，自己実現の欲求は精神的な欲求ということになるだろう。「衣食足りて礼節を知る」という諺があるように，人間としての根源的な生理的欲求と安全の欲求といった低次の欲求を満たさなければ，精神的な欲求を満たそうとは思わない。いわゆる「衣食住」が満たされ，それを心配せずに生活できることが私たち人間の欲求の根源にある。

　そう言われると商品の購入における消費者行動は，生理的欲求と安全の欲求という低次の欲求の範囲にあると思われる人がいるかもしれない。しかし，今日の消費者は，**物質的欲求**から**精神的欲求**に変わってきているという。わかりやすい例を挙げるなら，財布を購入するときにどのような財布を選択するだろうか。そもそも財布とはお金を入れるモノであるから，100円ショップにある財布でもよいはずである。しかしながら，100円ショップの財布を使っている人はほとんどいない。デザインであるとか，どこかのブランドであるとか，そうしたことを選択する上での重要な要素としているのではないか。精神的な満足感を得ようとしているのである。

　また，所属と愛の欲求の消費者の行動としては，初めて所属する集団（職場や学校）では皆が所有しているものを自分も所有したい，所有しないといけないのでは…と落ち着かないことがある。子供が特に必要とは思えないものでも「クラスのみんなが持っているから欲しい！」と親に

訴えることはこれに当たるだろう。

　承認の欲求は，所属と愛の欲求と対比した形で説明すると「みんな持っているモノと違うモノが欲しい！」という行為である。周囲と同じモノは持ちたくなく，あえて違うモノを持ちたいというのは，自己充足のためという見方もできるが，自己顕示欲から周囲の関心を集めたいということだろう。「周囲と同じモノを持ちたい」，「周囲と同じモノは持ちたくない」は両方が私たちの中に共存する気持ちである。これはその人の欲求の段階が異なるからだと考えられる。

　自己実現の欲求とは自分に適していることをしたい，自分自身に忠実に生きたい，自分らしさを見つけたいという欲求である。こうした欲求での消費者の行動は「承認の欲求」にあるような高価なブランド品だから購入するということではなく，自分らしさが選択基準になる。他者の目や批判を気にすることなく，安価なモノを選択するのかもしれないし，逆に周囲から「なぜ，あんなものにそんなにお金を支払うのか」と言われても気にせずに高価なモノを選択するかもしれない。

　ここであげた欲求のすべてを経験した人がいるかもしれない。しかし，たぶんそれは購入するものすべてがこれら5つの欲求のどれか一つであるわけではなく，時と場合，または購入するモノによって異なる。その人の置かれている状況によって，欲求段階，すなわち動機は異なるのである。

　さて，今度はモノに対する愛着という視点から考えてみる。あなたが大切にしている，とても愛着のあるモノを思い浮かべて欲しい。そして，それを見知らぬ第三者に譲るとしたら，どれくらいの値段をつけるだろうか。たぶん，購入したときより高い値段，あるいはいくらお金を払われても売ることはできないと思うかもしれない。

　価値については第3章で説明するが，モノの値段は，一般に考えられるように使っているうちに価値を失っていく。例えば，消しゴムのようなものなら，使い古されていくとまだ使えるのに，また新しいものを買

ってしまうことがある。新しいものは丁寧に使うが，だんだんと雑に扱うようになってしまうことが多い。こうしたことから，モノは使用すれば，その分価値が減少するためと考えることができる。しかし，それとは別に使っているうちに愛着が湧いてそれ以上の価値を感じるようになるときもある。

　愛着が湧いたモノは，モノとしての価値だけではなく，そのモノに心理的な結びつきを持つためだと考えられる。私たちは購入したモノに，モノとしての価値だけではなく，心理的な価値を付加することがある。革製品によくある「使っていくほど馴染んでいく」のフレーズは使用することにより，価値が増大することをアピールしているのだろう。また，大切な人からプレゼントされた場合には，さらに価値は高まるだろう（その場合，値段をつけることはできないだろうか）。

　こだわりのあるモノを購入しようとした場合，できるだけ購入したモノに愛着を持ち，それに心理的なつながりを持つモノを購入したいと思ったことがあるだろう。こうした欲求を精神的欲求という。現代の消費者の多くは単なるモノとしての物質的欲求ではなく，精神的欲求を満たすモノを購入したいと考えるようになった。よって，メーカーも消費者が価格のみで購入を決めているのではないことから，高価格になっても，他社製品と差別化をし，高価格でも消費者に選択してもらう可能性が高い製品を提供しようとしている。

　現代社会の消費者の行為は，生活が豊かであることに起因するだろう。多くの人は「衣食住」の心配をせず，マズローの5段階欲求説の上位の欲求である「所属と愛の欲求」，「承認の欲求」，「自己実現の欲求」による消費行動をしていると考えることができる。

　次に私たちの欲求の変化を時代背景とともに考えてみる。

5．社会・経済の変化と消費行動の変化

　日本国内をもとにして考えてみる。1970年代までの**大量生産**・大量消費で知られる時代，各メーカーは画一的な製品を生産し，そして販売していた。その当時，冷蔵庫，洗濯機などの生活用家電は，白物家電と呼ばれていたように，多くの生活用家電製品の筐体は白い物であった。現在では白，グレー，ブルー，ピンクなど，さまざまな色があり，一つの製品に複数の色が用意されている。また各製品には，一人暮らし用・少人数家族用・大家族用，あるいは異なる機能や性能が用意されていることはご存じだろう。大量生産時代と呼ばれる時代，生活家電製品は，知人宅と同じメーカーの洗濯機や冷蔵庫を購入すれば，色もデザインもまったく同じものであることはごく普通のことであった。

　ところが1970年代にあったオイルショックを機に，消費者の行動は変化したといわれている[2]。オイルショックとは，原油価格の高騰に伴い世界経済に影響を与えた出来事であり，日本国内においても消費者に大きな影響を与えた。トイレットペーパーの買い占めによって，スーパーからトイレットペーパーが姿を消したことを聞いた人もいるだろう。原油が値上がりすれば，めぐりめぐってトイレットペーパーが足りなくなるのではないかという不安からである。

　オイルショック後は，そうしたことを反省に無駄なモノは購入しない，あるいは必要なモノでも関心がないモノであれば，格安のモノを購入する。そして自身の関心が高いモノにはお金をかけるという消費行動に変化した。現代の買い物のしかたは，この当時からはじまった。

　同じカテゴリーの中でも，ある人は高価でこだわったモノを購入し，ある人は関心がないため購入しない，あるいは格安のモノを購入するという多様な消費行動に変化した。

　極端な例であるが，具体的に言えば，以下のような消費者の行動だろ

うか。

　「格安の食材を買っていながら，外食では高級なお店に行く」
　「食費や生活費はできるだけ切り詰めて，高級車を購入する」
　「自家用車は古い中古車でありながら，毎年海外旅行に行く」
最近では
　「生活のすべてを格安で抑えながら，スマホやパソコン（以下，PC）
　のゲームにお金を費やしている」人もいるだろうか。

　このように消費者のモノに対する意識はそれぞれの価値観によって，さまざまな買い物のしかたに多様化した。消費者は自分にとって，不要と思うものや必要だとしても関心のないモノにはお金を遣わない。そして関心の強いモノであれば，値の張る商品であっても購入する。関心の強いモノ，それは人それぞれである。知人や家族に「そんなものにお金をかけて！」と言われたことは誰しもあることだろう。きっとそうした場合，その知人や家族は関心がなく，購入しないか，安いモノで済ませている。
　オイルショック後，そうした消費者の購買行動に合わせて，メーカーは自社の製品を多くの消費者の好みに合うように，さまざまな色やデザイン，多種多様な製品を販売するようになった。また，格安のモノから高価なモノまで取り揃えている。メーカーにとっては少品種大量生産から**多品種少量生産**への変化である。
　1991 年に恩蔵氏は，以下のように述べている[3]。

　　10 年前におけるキリンの取り扱いブランド数は，ビール部門でわずかに 5 であった。その後，ブランド数は増加し，5 年前には 8 ブランド，現在では 16 ブランドへと飛躍的にブランド数を増加させている。サッポロでも，10 年前の 10 ブランドから 19 ブランドへと 2 倍近くになっている。

花王の衣料用洗剤においても，状況は似ている。10年前の7ブランドから現在の9ブランドへ，増加率は低いが増加傾向にあることは確かである。ブランド数が増加しているのは，飲食品や日用雑貨など非耐久商品ばかりではない。トヨタの乗用車部門では15から22ブランド，ソニーのゼネラルオーディオでも14から44ブランドと，耐久商品の分野でもこの10年間の取り扱いブランド数は増加している。

　20世紀終わりには，メーカーは現在のようにさまざまな製品を製造販売するようになった。現在ブランド数はより増加しているのではないか。清涼飲料水やお菓子では期間限定，地域限定などの商品もよく見られる。

　さて，1980年代の日本は特に自動車，家電製品，半導体などの，いわゆるハイテク機器が世界を席巻していた。日本の高品質な製品が，海外で多くの支持を受けた。メモリに使用されるDRAMに至っては，世界市場の約8割を日本メーカーが占めるに至った。米国の貿易赤字は増大し，輸出競争力が低下していた。そうしたことも背景にあり，1985年にドル高の是正に向けた為替レートの安定化策が，先進5カ国（G5）蔵相・中央銀行総裁会議において提案され，合意された。開催場所となったニューヨークのプラザホテルにちなんで**プラザ合意**と呼ばれている。

　これにより，ドル安・円高が進行した。1980年代前半，1ドル240円程度であった為替レートが，1988年には1ドル120円程度まで進行し，1990年代半ばには1ドル100円近辺まで上昇する。関税などを考えずに為替レートだけから考えれば，輸出商品はプラザ合意前の価格の2倍になり，輸入商品は半額で購入できるようになったことになる。家電，自動車，半導体などのハイテク製品を生産する日本のメーカーは，組み立て，部品を国内から海外生産へ，あるいは海外メーカーから調達するようになっていく。円高不況と呼ばれる現象である。

　そして，1995年の**世界貿易機関（WTO：World Trade Organization）**

の発足と合わせて，海外からの輸入製品はより増大する。WTO は関税その他の貿易障壁を実質的に軽減，廃止することを目的にしている。いわゆる，**経済のグローバル化**のはじまりである。

　こうした経緯により，それまでの国内メーカーの多品種化に加え，海外製品が国内に多く流入するようになった。現在，私たちは一つのカテゴリー内でも販売している商品のすべてを知らない。強く関心を持つカテゴリーを思い浮かべてみて欲しい。関心のあるカテゴリーですら，商品どころか，販売しているすべてのメーカーをそらんじることができる人は皆無だろう。

　さらにインターネットの普及により，日本国内で販売されていない海外製品も購入できる。海外の安い製品も，そして欧米の高価なブランド製品も購入できるようになった。

　このように，日本メーカーは海外メーカーと競合することになった。国内メーカーの多くは，およそ価格ではなく，多機能・高機能・高性能・高品質による差別化を進めている。食品では**特定保健用食品**（1991年），**栄養機能食品**（2001年），**機能性表示食品**（2015年）の制度も海外メーカーとの差別化への後押しとなっただろう。

　食品だけに限らず，それぞれの製品群に特徴ある製品が登場している。例えば，家電製品の洗濯機では日本の各メーカーが「ナイアガラビート洗浄[4]」，「ウルトラファインバブル洗浄[5]」，「泡洗浄[6]」，「マイクロ高圧洗浄[7]」などの機能や仕組みを前面に押し出し，製品の差別化をしている（2024年現在）。各メーカーの技術の粋を集めたものであろう。はたして，これらはどのような機能なのか，また購入するときにはどれを選択すればよいのだろう。

　こうした状況を消費者行動の観点から考えてみると，私たちの商品選択の幅は広がったと考えることは短絡的であるといえる。1970年代までの大量生産時代と比較すれば，海外も含めて，数多くの製品があふれるようになった。適切な商品選択ができれば，その中から自分に最適な

製品を選択することができるだろう。しかし、どのカテゴリーであっても、私たち人間がすべての商品を詳細に確認することは、時間的にも能力的にも不可能なほどの商品があふれている。そして、インターネットのポータルサイトやショッピングサイトで購入する商品の取捨選択を行うことが当たり前になっているが、ネット詐欺や購入した商品に後悔することも依然としてなくならない。これについては第7章で述べたい。

　社会の変化は、消費者にとって商品選択を複雑にしたともいえる。商品数の増大により、本来は商品選択には、「具体的にどのようなものなのか」、「どのような効果があるのか」、「どれが自分に適しているのか」を自ら検討する必要がある。そして、より高度な技術を用いた製品が登場しているため、正確に理解するには消費者が高度な知識を要することになる。それには膨大な時間を必要とするため、それができないことは必然である。

　例えば、特定保健用食品や機能性表示食品で知られる「カテキン」の緑茶が、どうして肥満予防や内臓脂肪を低下させることができるのかを説明できる消費者は、どの程度いるのだろうか。購入している人の多くは「メーカーがそう言っているから」、「（厚労省が許可している）特定保健用食品・機能性表示食品だから」といった具合なのではないだろうか。どうやら、カテキンには「ガレート型」と「遊離型」というタイプがあり、メーカーごとにタイプや配分量などは違うはずだが、そうした違いから購入している消費者はおらず、ほとんどは「××のメーカーだから」といった選択をしているのではないか。

　多品種化、グローバル化により海外製品を簡便に購入できるようになった。消費者は自分にもっとも適している商品を選択できるようになったと見えるが、実際の商品選択が複雑に（実際は、複雑なことを考えずに無視しているわけだが）なっていることも事実である。

6. マーケティングとリサーチ

　マーケティングという言葉を聞いたことがないという人はいないだろう。マーケティングという言葉は，新聞やテレビなどのマスメディア，インターネットで目にするほど，一般的な用語となっている。しかし，マーケティングを正しく理解している人は少ないと感じる。マーケティングとは宣伝広告であるとか，販促（販売促進）活動のことであるとか，矮小化した理解がされているように思う。もちろん，そうした宣伝広告や販促活動もマーケティングの一つの要素ではあるが。

　先に述べたように，1980年代以降，国内メーカーは品揃えを増やし，1990年代以降は海外製品が数多く流入した。「良いモノを作れば売れる」と考えていたメーカーは，これまで以上に顧客ニーズを汲み取り，他社との差別化を行うようになった。しかし，国内外の膨大な製品が市場に溢れるようになり，消費者はすべての製品を知ることはできなくなった。実際，どれだけこだわりのあるカテゴリー（分野）であってもすべての製品を知らない。例えば，PCにこだわりを持つ詳しい人だとしても，国内で販売しているPCのすべてを知らない。だから，良いものを作ったからといって，売れるとは限らないのである。そうしたことから，マーケティングは企業の大小に関わらず，とても重要なものとメディアなどでは盛んに言われている。

　それではマーケティングとは，いったいどのようなものなのだろうか。先に述べたが，販売のしかたをマーケティングと呼ぶ人もいるし，宣伝のしかたをマーケティングと呼ぶ人もいる。新たな商品企画をマーケティングと呼ぶ人もいる。マーケティングにはさまざまな要素が含まれており，それがマーケティングを理解しづらくしている要因だと思う。マーケティングを簡潔に説明するなら，「市場の創造と拡大のための企業活動ないしはその活動の総称[8]」となる。"市場の創造"とは，

これまでにない新たな製品やサービスを開発し，これまでにない新しい市場を作り出す活動ということである。"市場の拡大"とは，既存の製品をより多く販売する活動ということである。こうした活動は企業のあらゆる部署に関連することであり，企業のほとんどの人はマーケティングに参加しているといえる。

ビジネス界で著名なドラッカーは，以下のように述べている[9]。

事業の目的として有効な定義はただ一つである。それは顧客を創造することである。市場は，神や自然や経済的な力によって創造されるのではない。企業人によって創造される。

事業家が満足させる欲求は，それを充足する手段が提供される前から，顧客が感じていたものかもしれない。その欲求は，飢饉における食欲のように，顧客の全生活を支配し，常時顧客の頭を占めていたものかもしれない。しかしそのような欲求は，単に想定されるものであって現実の欲求ではない。

実際には，事業家の行為が人間の欲求を有効需要[10]に変えたとき，はじめて顧客が生まれ，市場が生まれる。

ドラッカーは，これをマーケティングとは呼んでいないが，こうした活動がマーケティングである。顧客のニーズがあったとしても，それを満たす製品・サービスを作り出さなければならない。そして，顧客の求めるものを作り出せたとしても，それが消費者に認知されなければ，購入されることはない。もちろん，そのために宣伝・広告などが必要になるわけだが，宣伝・広告だけに焦点を当てたとしても，顧客のニーズに合致していなければ，やはり購入されることはない。

このようなことを考え出すと，検討することがなかなか複雑であるが，マーケティングの研究ではフレームワークとして，**4P（Product, Price, Place, Promotion の4つの頭文字）**が提示されている。

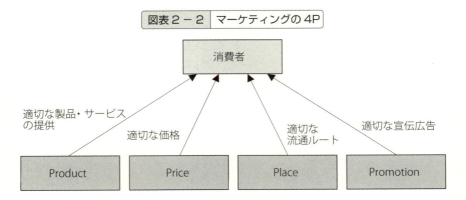

図表2-2 マーケティングの4P

　Productとは消費者のニーズに合致した製品であること，Priceは消費者にとって適切な価格であること，Placeはどのようなルートで消費者に届けるかであり，Promotionは消費者に企業や商品について伝達する宣伝広告である。マーケティングを検討する枠組みとして，この4つがある。

① 4PのProduct
　消費者のニーズに合致した商品を作るためには，消費者のニーズなどを知らなければならない。先に述べたように昨今は，各メーカーからさまざまな製品が発売されている。生活用家電製品の筐体は，白・グレー・ブルー・ピンクなど，さまざまな色があり，一人暮らし用・少人数家族用・大家族用，あるいは異なる機能や性能，また価格帯もさまざま用意されている。
　生活家電用品だけではなく，あらゆる製品がそうした状況にあることは，少し考えただけで思い出せる。メーカーの製品開発は，男性向け・女性向け，若者向け・高齢者向け（20代向け，30代向けなど，年代によっても好みが異なる），また生活家電用品なら，一人用・二人用などのように，家族の人数によっても異なる。こうした市場を細分化（セグメント）した製品開発などのマーケティングを**セグメント・マーケティング**と呼

んでいる。

　しかし，男性だから，20代だから，一人暮らしだからといって，皆が同じモノを欲しがるわけではない。それ以外の要因もあるだろう。そのため，企業ではさまざまなリサーチをして消費者を理解しようとする。

② 4Pの Price

　消費者のニーズを見つけ，それに合致した製品を開発したとしても，消費者が購入したい（購入できる）価格に設定しなければ，購入してもらえない。

　例えば，学生とビジネスパーソンでは，学生の方が多くの機能やデザインの良さを求めるかもしれない。しかし学生は，こだわりのある特定のカテゴリーではお金をかけるかもしれないが，それ以外のモノについてはお金をほとんどかけない。外食についても高価なお店に行く人は少ない。ビジネスパーソンはこだわりがなくても，お金をかけることもあり，やはり価格に対しては，学生とは異なる価値意識があるようである。価格設定はターゲットに合わせて検討しなくてはならない。同じような機能やデザインを開発するとしても，ターゲットに合わせた価格設定にする必要がある。

　価格は，企画段階にある製品の原材料や部品，製造にかかわる人件費や利益を単に合算して決定するわけではない。ターゲットや競合他社の類似商品との兼ね合いから価格を決定している。企画段階のコストが想定していた価格よりも，高ければ原材料や部品，あるいは製造方法を見直すことになる。

　価格設定は競合他社の類似商品の影響を受けるものであるし，広く普及したいという意図から，あえて安い価格設定にする場合もある。製品と価格は切っても切れない関係にある。メーカーは，ニーズに合致した製品を作ることと，ニーズに合致した価格にすることの両方を満たす製品を開発しようとしている。

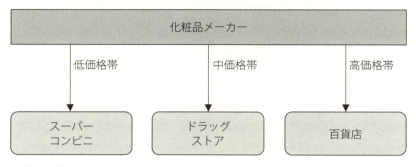

出所：遠藤（2019），p.8

③ 4PのPlace

　開発した製品をターゲットとなる消費者にどのように届けるのか。メーカーが作り出した製品は**流通経路（流通ルート）**を通じて消費者に届けられる。私たちは商品をコンビニエンス・ストア（コンビニ）やスーパーマーケット（スーパー），家電量販店などの小売業者から手にする。こうした消費者に届ける商品の移転経路を**マーケティング・チャネル**と呼ぶ。

　マーケティング・チャネルを化粧品の例で説明する[11]。百貨店の化粧品売り場は対面での販売であり，ドラッグストアやスーパーでは見かけない高額な商品を扱っている。しかし，多くの人たちは化粧品をドラッグストアにて購入している。ドラッグストアは百貨店ほど高額な商品を置いていないが，普及品では低価格のモノから高価格のモノまで取り揃えている。そして，スーパーやコンビニでは低価格の商品や売れ筋の商品を扱っている。

　少し考えてみて欲しい。もし，百貨店にある高額なブランド品を，近所のスーパーで販売しているとしたら，どう感じるだろうか。身近で購入できるというメリットがあるように思うが，高額なブランド品のイメージを損ね，これまでの購入層を裏切ることになるのではないだろう

か。高級繁華街の路面店や百貨店にルイ・ヴィトン（Louis Vuitton）[12]，グッチ（Gucci）[13] はあるが，スーパーやコンビニなどで販売していない。その逆にスーパーで格安で販売している商品を百貨店では販売していない。

　製品を開発，販売するときは，消費者にそれをどのように認知してもらうかが重要である。そのため，開発した製品をターゲットである消費者に購入してもらうため，販売するチャネルは慎重に検討される。

④ 4P の Promotion

　宣伝広告にはさまざまな方法がある。代表的なものとして，テレビCM や新聞に折り込みされるチラシ，また雑誌内の掲載広告などがあるだろうか。それ以外にも，街中で見られる看板や建物内でのポスター，昨今では**デジタルサイネージ**もよく見られるようになった。デジタルサイネージとは，液晶ディスプレイやプロジェクターなどの装置を使用した映像による電子看板のことであり，屋外なら高層ビルの大型ディスプレイで，屋内では店内や駅ナカの通路柱などでよく見られている。

　他にも映画やテレビドラマなどで，出演者が商品を身に付けることでさりげなく，商品を視聴者に知らしめている。人気の女優や俳優がドラマや映画で身に付けているアクセサリーや衣装が，どこのブランドなのかが，ネットでときどき話題になることを思い出すだろう。映画やテレビドラマのエンディングで，タイアップしている企業の名前が表示されているが，そうした効果を狙ったものである。こうした手法は**プロダクトプレイスメント**と呼ばれる。

　街中の看板やポスター，デジタルサイネージ，新聞のチラシや新聞内の掲載広告は，以前からターゲットを絞らずに若年層から高齢層まで，男性・女性も意図しないものと言われている。ただ，昨今では新聞の購読者層が高齢者に偏ってきているため，高齢者をターゲットにした広告になってきているように思う。

一般に宣伝広告は，商品のターゲットに合わせて，媒体を決定するものである。例えば，20代女性をターゲットにした商品であるなら，20代女性をターゲットにした雑誌，映画やテレビドラマは何かをリサーチし，そうしたところに広告を載せる。また雑誌にしても，単なる広告を掲載するのか，特集記事のようなところで，あからさまな広告と見られないような形式で読者に伝える。テレビドラマでもCMで放送するのか，ドラマ内のプロダクトプレイスメントとして，さりげなく視聴者に伝えるのかなど，宣伝広告の方法はさまざまである。

　企業向けの商品を製造しているメーカーでは，営業の人たちがその役割を担っている。営業の人たちは自社の製品を宣伝し，どのような特徴があるのかを企業に出向いて担当者に説明している。

　いずれにしても，ターゲットの顧客層にもっともよく伝わる手法を検討することが求められている。

⑤ 4Pの整理

　マーケティングを検討する枠組みとして，4Pを説明してきた。消費者の求めるもの（ニーズ）を発見し，そのニーズを解決するための手段やモノを考え，作り出し，それを求める消費者に購入してもらう活動全般をマーケティングとして捉えることが理解できたと思う。企業活動のほとんどがマーケティングに関係している。

　こうした4Pの考え方も，Product・Price・Place・Promotionのすべてで「ターゲットに合わせた…」と説明にあったように，ターゲットがどのような価値観を持っているのか，どのような行動様式をする人なのかなどを知らなければ，マーケティングすることはできない。それを知る手法がリサーチである。

　現代社会は，生活や娯楽が満たされ，思いつきでモノやサービスを作り出しても消費者のニーズに合致せず，購入してもらえない。その中で，消費者ニーズを発見するためには消費者行動を理解し，適切なリサーチ

（調査）をすることが重要になっている。おおよそ，マーケティングでは「消費者（顧客）のニーズを…」のような文脈で語られることが多い。すなわち，消費者行動の考えを学び，そしてそれに基づいたリサーチを行うことがマーケティングには必要なのである。

　本書では消費者行動とリサーチの一つの手法であるアンケート調査を取り上げ，消費者を理解するための指針，そして調査方法や消費者のニーズを適切に聞き出す質問方法について述べる。

【注】
1）　A. H. Maslow（1970），*Motivation and Personality*（*Second Edition*），Harper& Row, Publishers.（小口忠彦訳（1987），『人間性の心理学―モチベーションとパーソナリティ―』，産能大学出版。）
2）　日本経済新聞社編（1975），『消費者は変わった"買わない時代"の販売戦略』，日本経済新聞社。
3）　恩蔵直人（1991），「ブランド数の増加と製品開発」『早稲田商学』第 344 号，pp.119-138。
4）　株式会社日立製作所
5）　株式会社東芝
6）　パナソニック株式会社
7）　シャープ株式会社
8）　黒田重雄（2014），「マーケティング学の試み：草稿」『北海学園大学経営学会経営論集』第 12 巻第 3 号，pp.1-92。
9）　Drucker, P. F.（1954），*THE PRACTICE OF MANAGEMENT*, Harper & Row.（上田惇生訳（1996），『［新訳］現代の経営　上』，ダイヤモンド社，p.48。）
10）　有効需要とは，顧客の購買を通して，実際に需要が表出化したもの。
11）　遠藤雄一（2019），『流通システムとサプライチェーン・マネジメント』，同文館出版。
12）　LVMH グループの持つブランド
13）　ケリング・グループの持つブランド

第3章

消費者の価値と価格

1. 私たちが商品選択時に考えていること

　日本に住む多くの人は不自由なく，生活しているようである。学生たちに「今，何か欲しいものはありますか？」と聞いても，「これといって特にない」と答える学生が大半である。これではなかなかモノが売れないわけである。私たちはモノに対する欲求，すなわち**物的欲求**が以前よりも少なくなっているのかもしれない。

　とはいえ，何も買わないのか？　といえば，そうではなく，普段からモノの購入はしている。「食」などの欲求を除けば，第1章で説明した**マズローの欲求説**でいうところの，所属と愛の欲求や承認の欲求などの高次の欲求に当たる**心理的欲求**を求めているのかもしれない。流行りのモノは欲しい，こだわりのあるモノは実用性とは無縁のモノであっても，高くても購入する。モノに対する執着心はあるが，20世紀の頃とは異なるようである。

　そうした中でメーカーは，高機能・多機能な製品や高性能な製品を作ったり，多様なサービスを付加したりと，私たちの琴線に触れるように日夜研究開発を重ねている。いわゆる製品の付加価値化である。サービスとしては，メンテナンス，保証，そして最近ではネットを利用したコンテンツや情報提供などのアフターサービスも増えている。購入した消

費者に，心理的な満足感を購入後も感じて欲しいということであろう。

　私たちはしばしば価格が安いモノではなく，高くてもより自分が気に入るモノを購入する。ネットの普及も相まって，さまざまな情報を手に入れることができ，開発メーカーのスタンスに賛同し，それを購入したくなったり，逆に不祥事や不具合が続くと，より安全性の高いメーカーのモノを購入するようになったりもする。企業のスタンスが製品を選択する上での一つの要素にもなっている。このように消費者の商品選択には，企業のブランド（信頼）や企業の社会的貢献などの姿勢も影響しているようである。

　昨今では食品であれば，原産国が日本であるとか，工業製品なら「Made in Japan」であるとか，こうした点も選択する上での一要素としている消費者も一部に見られる。逆にこだわりのないモノであれば，こうした原産国や製造国など一切気にすることもない。価格重視で購入する消費者も多いだろう。いわゆる100円ショップでの購入などはそれである。すぐに壊れてしまうこともある程度は想定している。

　私たち消費者はお気に入りのメーカーの製品か，あるいは自分の価値観に合った製品か，それとも最低限の物質的な満足を得るための価格の安い製品かは，それぞれの消費者によって異なるものであるし，同じ消費者でもカテゴリーによっても異なる。携帯型デジタル音楽プレイヤーやイヤホン・ヘッドホンだと，メーカーにこだわったり，音質にこだわったりして，高価な買い物をするが，外食はできるだけ安上がりになるようにファストフードで済ませている人もいる。しかし，その逆に食べ歩きが好きで，値段が高くてもおいしいと評判の飲食店を利用するが，携帯型デジタル音楽プレイヤーやイヤホン・ヘッドホンはメーカーや音質にこだわらず，聴くことができればいいという人もいるだろう。

　こうした違いはどのように説明すればいいのだろうか。消費者による違いをもう少し考えてみようと思う。

2．価値・価格とは

　一般に消費者は価格が高いモノと安いモノなら安いモノを，品質が良いモノと悪いモノなら良いモノを好む。しかし，私たちが実際に購入するときは，先に述べたように**価格**や品質だけで商品を選択しているわけではない。もちろん，機能や品質が優れていれば，価格が高くても購入することがある。特に耐久消費財や自身がこだわりを持つ商品の場合はその傾向にあるといわれる。しかし，「このデザインが好き」，「このメーカーを気に入っている」などの理由から，価格や品質を気にすることなく，選択することもある。

　私たちの商品選択の基準は，ときには価格であったり，ときには品質であったり，ときにはデザイン，あるいはお気に入りのメーカーであったり…それ以外にも選択する基準は人それぞれある。それらを総合的に検討して私たちは購入する商品を決定している。そして，それはあらゆる**製品カテゴリー**で同一ではなく，製品カテゴリーごとに異なる。ある製品カテゴリーでは価格を重視して選択しても，別の製品カテゴリーでは品質やデザインを重視したりもする。同じ消費者であっても，製品カテゴリーごとに価格であったり，品質であったり，デザインであったり，重視する項目は異なるし，前回購入時は品質を重視していたのに，今回の購入時はデザインを重視することもある。購入目的によって変化したりもする。

　具体的に考えてみる。例えば，食品なら価格重視で安いものを，家電製品ならデザインやメーカーで，自動車ならば品質重視など，製品カテゴリーごとにさまざまである。何を重視するのかは消費者ごとにも異なる。先の例の消費者もいれば，食品は品質重視で，家電製品は価格重視，自動車はデザインやメーカー重視の人もいるだろう。個々の消費者が数ある商品の中から購入するモノを決定するとき，それはそのときに自身

第3章 消費者の価値と価格 | 35

がもっとも「価値がある」と思ったモノであるといえる。

よって，消費者の「**価値**」とは製品カテゴリーごとに異なるし，同一製品カテゴリーであったとしても，購入目的やそのときの消費者の状況によっても異なる。例えば，ある製品カテゴリーで重視していた事柄も，一人暮らしから同居家族がいる生活に変化すると重視する価値が変わってしまうカテゴリーもある。

このことより，価値とは消費者によっても，製品カテゴリーによっても，そのときの状況によっても異なることがわかる。消費者ごとに選択する基準が異なることからも，価値とは客観的なものではなく，その人それぞれの主観的なものであることがわかる。その人にとって価格が高いから価値がない，品質が劣っているから価値がないとはいえないのである。価値とはその人にとって「価値があると思ったモノ」ということであり，ある人が「価値がある」と思ったモノが，他の人にも「価値がある」かといえば，そうではないことが多い。誰しも親や友人から，気に入って購入したモノに「そんなモノを買って…」とか「そんなモノに高いお金を払って…」などとネガティブなことを言われた経験があるだろう。ここからも「価値」とは個々の消費者の主観によるものであることがわかる。

ところで，「**コスパ**」という言葉が定着してから20年か，30年ほど経つと思う。多くの人が使用したことがある言葉だろう。「コスパ」とは「コスト・パフォーマンス」の略称であるが，これは「価値」を意味していると考えることができるだろう。これまで，友人が「これ，コスパがいい」といったモノを同意できなかった人もいるだろう。価値は個々の消費者ごとに異なるからである。

さて，では「**価格**」とは何だろうか。「価格」とは商品を販売する企業の主観で決めたものである。類似する他社の商品との兼ね合いなどから，この価格なら売れるという価格に設定する。もちろん，他社の商品との兼ね合いなどから，企業側も設定した価格に必ずしも満足している

わけではないかもしれない。新商品の開発時には原材料や生産プロセスの見直しなどによるコスト削減を行い，設定した価格で販売できるように，そして消費者に選んでもらえるように努力をしている。それでも価格は販売する企業が行うことであるから，売り手である企業側の主観といえる。

よって，価値とは買い手である消費者の主観であり，価格とは売り手である企業の主観であるといえる。お店で「高いから買わない！」と感じる場合，企業側の価格と買い手である消費者の価値とは一致していないということになる。それはあなたが，企業側の考えるその商品のターゲット層ではないか，企業側がその商品のターゲット層を見誤っているということになるだろう。

また，第1章では家電製品の洗濯機の例を示したが，多機能・高機能が進み，製品を理解できずに，自身がターゲット層の一人でありながら，「高いから買わない！」という場合もあるだろう。実際に，家電量販店で価格を見たときに「高いから買わない！」と思っていたのに，店員の説明を聞いて購入に至った人もいるのではないだろうか。それは，その製品の価値を理解したことにより，その価格を受け入れたということである。近年，価格と**価値**において，こうした問題が増えていると考えられる。

繰り返しになるが，価値とは買い手である消費者の主観であり，価格は売り手である企業の主観であることから，他人の購入したモノにあれこれ言うことはナンセンスということになるだろう。価値は人それぞれ異なるものであるし，その人の購入する状況においても異なるものである。そもそも価値は人それぞれ違うのであれば，価値が他の人と一致することの方が少ないといえる。

ところで，営業や販売の仕事をする人が「（顧客は）なぜ，買ってくれないのだろう」と思うのは，顧客がその商品のターゲットとは異なるか，顧客の持つ価値を見誤っているか，その商品やサービスを理解して

もらえていないからだといえる。私たちは知らず知らずに，自分自身の価値基準で顧客を見ることが多い。当然であるが，営業や販売をする人は，自社の製品についてはよく理解している。そのことから，顧客も私と同じように製品のことを知っていると勘違いしていることがときどき見受けられる（本人はそんなことはないというだろうが）。

　提供する商品やサービスを，それに適したターゲットの人に営業・販売しているのだろうか。もし，ターゲット層に営業・販売しても購入してもらえないなら，その商品やサービスの特徴やそれを購入することのメリットを理解してもらえているのだろうか。その上で，購入してもらえないのなら，ターゲット層の価値意識を見誤っているのかもしれない。

３．時代による価値の変化

　私たちの価値はおおむね時代とともに変化している。

　戦後，間もないころ，私たちの生活が貧しかったことを知っているだろうか。生活に余裕のない時代から，高度経済成長を通して，私たちの生活は豊かになった。豊かになることで，自由に遣えるお金も増え，娯楽やレジャー，欲しいモノを購入できるようになった。裕福になり，自由に遣えるお金があれば，それぞれが思うモノ（コト）にお金を遣う。

　もちろん，私たちはすべてに高価なモノ（コト）を手にしようとはしない。買い替えを何度かするうちに，自分の求めるモノ，それに求めるコトがわかってくる。多くの人が，初めて購入するカテゴリーでは，必要以上に高いモノを買ってしまっただとか，逆に安いモノを買ってしまい，もっとお金を出して商品を選べばよかったなどと後悔した経験を持つだろう。

　私たちは買い替えなどの経験を積むことにより，モノやお金に対する価値観を理解していく。そうした経験により，徐々に自身が後悔しない

買い物ができるようになってくる。子供のころは友人たちが持っていたモノを，自分も欲しくて購入することがあっても，大人になるにつれて自分に不要なモノは購入しなくなるし，必要なモノであってもこだわりがないモノは，格安のモノで済ますようになるだろう。いわゆる消費者として成熟した買い物ができるようになる。築30年以上の6畳ワンルームのアパートに住みながら，高級な外車に乗っていたり，年に何度も海外旅行に行っていたりする人がいるかもしれない。人それぞれお金の遣い方は異なる。それでも，食べることに困らず，生活することができるからこそ，そうしたお金の遣い方もできるのである。

　これまで説明してきたことをもとに，商品選択の価値の変化を図表3－1に表した[1]。このモデルは，とても大雑把なものではあるが，イメージとしてはわかりやすいと思う。この図では分数の形式を用いて，分母

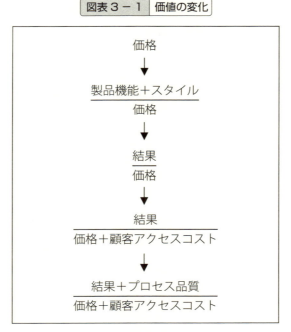

図表3－1　価値の変化

出所：Heskett et al.（2003）（山本・小野訳（2004），p.83）

よりも分子の方が大きい（1より大きい）と価値があるという意味になる。

　かつて，生活に苦しかったとき，商品を選択する基準は価格であったといえる。しかし，豊かになるにつれて価格に見合った製品の機能・品質，デザインといったスタイルが選択する際の基準に変化した。日本において，戦後から高度経済成長期までのモノ不足，大量消費時代は価格が重視されていた。それが豊かになり，多くの商品を購入，そして消費し，買い替えを経験することで，消費者は洗練され，単に価格だけではなく，より良いモノや自身の求めるモノと合致した商品を購入するようになった。

　メーカーはさまざまな消費者のニーズに合わせ，多様な製品やライバルメーカーとの差別化に繋がる独自の機能を持つ製品を発売するようになった。そして，消費者は単に製品の機能だけではなく，購入した結果，すなわち購入後にどの製品が自身をより満足させてくれるのかを選択時の考慮に入れるように変化した。私たちはさまざまな機能が付加している製品に魅力を感じても，実際に購入する製品を選択するとき，機能だけではなく購入後に使用するイメージを思い浮かべて選択をしている。すなわち，購入後の結果をイメージして購入しているのである。

　そして，昨今はモノに対する欲求よりも，それを手に入れることによる心理的な満足感などを求めることが多くなってきているという。消費者は物的な欲求から心理的な欲求をより求めるようになったといえる。人気のアニメのフィギュアを集める人もいるし，ガチャガチャ（あるいはガチャポン）と呼ばれるカプセルトイをコンプリートしようとする人もいる。スマホなどのオンラインゲームのガチャをコンプリートしようとする人も昨今はいる。そうした玩具ではなくても，料理が好きな人ならば調味料を数多く購入していたり，希少価値の高いスニーカーやジーンズ，文具などを購入したりする人もいる。こうした人たちは購入後の心理的な満足感を求めたものといえるだろう。

　現在ではそれに加えて，顧客アクセスコスト，すなわち入手するまで

の時間やわずらわしさを選択時に考慮しているのではないだろうか。少し移動すれば，何でも揃う都会に住んでいながら，ネットショッピングで購入する人たちの多くは，購入に必要な手間や時間を省いて家に届けてもらうことができるからだと考えることができる。昨今のリアル店舗では，単にモノを購入できるということだけではなく，お店まで足を運びたいと思わせる"何か"が必要になってきている。

　そして，これからは「結果」だけではなく，それを入手するまでのプロセスに関心を持つようになってきたといわれている。今日，家電製品などは非常に多機能で使いこなすには複雑になっている。欲しいと考えた商品であったとしても，入手後にそれを「使いこなせるだろうか」とかそれを使うのはめんどうで煩わしいと考える人もいるのかもしれない。ほとんどの場合，新しい家電製品を購入したときはすぐに使えず，機能や操作方法を調べたりする作業がある。そのため，「今は忙しいから，時間ができてから購入しよう」などと，それが理由で購入をためらってしまうこともあるだろう。

　それとは別に，昨今では「コト消費」という言葉が聞かれるようになった。モノに消費することよりも，「やるコト」，「するコト」などの体験することに価値を見出す消費者が増えているという。消費者が商品やサービスを受けるまでのプロセスや付加価値を求める消費者が増えてきている。例えば，旅行では目的地での観光が目的であるが，目的地までの移動中の会話やその途中での食事など，そのプロセスも旅行の醍醐味であることは多くの人も同意するだろう。ネットが普及し，わざわざ現地に行かなくても全国各地の食べ物を入手できるようになっても，やはり現地での食事はまた違うものである。

　若者が身近なものでは，大勢で楽しむMMO（Massively Multiplayer Online）型のオンラインゲームもその一つになるだろうか。ゲームそのものを楽しむ他に，多くの人とコミュニケーションをすることやゲーム上の友人たちとゲームを進めるプロセスを楽しんでいる人も多いだろう。

第3章　消費者の価値と価格 | 41

　このように購入したモノを使用するプロセスに面倒くささや煩わしさで購入をためらうこともあるし，プロセスによろこびや楽しさを覚えたりすることもよく見られるようになった。こうしたことをプロセス品質と呼ぶが，最近ではプロセス品質の良さも消費者が求めている。

　価値は時代とともに変化しているわけだが，それをときどき感じることができるのは親や祖父母と話をしているときではないだろうか。ほとんどの人は「そんなものに…」「そんな高いお金を出して…」などと言われた経験があるだろう。それは世代間の価値観の違いであると同時に，その世代の価値意識と今の価値意識の違いであるといえる。

　子供から大人まで幅広い年代の消費者を理解しようとした場合，それぞれの世代の価値意識を考慮しておかなければならない。

4．消費者の購買選択における価値

　価値について，コトラーは図表3－2のように図表3－1よりも詳細に表している[2]。**ベネフィット**とは私たちが受け取る恩恵や便益と訳される。**コスト**とは入手するために消費者が支払うものである。対象となる商品を入手することで，どの程度のベネフィットが得られるのか，またそのベネフィットを得るにはどの程度のコストがかかるのか。この2つから購入するモノが判断されると考えることができる。

　私たちが数多くある商品の中から最終的に選択したモノ，それはもっとも価値があると判断したからである。購入することができないほどの

図表3－2　コトラーによる価値式

$$価値 = \frac{ベネフィット}{コスト} = \frac{実用的ベネフィット＋感情的ベネフィット}{金銭的コスト＋時間的コスト＋エネルギーコスト＋精神的コスト}$$

出所：Kotler（2000）（恩藏監修（2001），p.14）を一部修正

憧れる高価なモノがあったとしても，購入できない，あるいは購入しなかったとすれば，それはその人にとって価値があったとはいえない。それは受け取るベネフィットが大きいかもしれないが，コストがそれ以上に大きかったということである。すなわち，昨今の言葉でいえば「**コスパ（コスト・パフォーマンス）が悪い**」ということである。

　できるだけ多くのベネフィットを得た方が良いが，購入者がそれに見合っていない（コストが高い）と考えれば，購入することはない。その逆にできるだけコストは低い方が良いが，それ以上にベネフィットが低いと感じれば，やはり購入することはない。

　コトラーの価値式からは「ベネフィット÷コスト」の値が価値とし，価値が"1"より大きければ割安に感じ，"1"より小さければ割高に感じる。すなわち，消費者は，"1"より小さいと感じるモノの購入をためらう。企業は常にベネフィットを増大させ，コストは減少させることが求められるということである。

　以下で，コトラーの価値式をもう少し詳しく考えてみよう。

①価値におけるコストとは

　図表3－2の価値式では，**コストを「金銭的コスト」，「時間的コスト」，「エネルギーコスト」，「精神的コスト」**の4つに分けている。一般にコストというと金銭的な費用をイメージするが，広く捉えると時間や労力といったものや心理的な負担なども消費者が商品を手に入れるために支払うコストと考えられる。当然ではあるが，コストは低い方がよい。

　「金銭的コスト」は顧客が支払うお金である。「金銭的コスト」といえば，私たちは商品の価格（値段）を思い浮かべるが，「価格」以外に送料や入手するのに必要な交通費なども含まれる。多くの人はネットショッピングサイトで購入する場合，商品を価格だけではなく送料も含めて考えるだろうし，リアル店舗で購入するときには入手するための交通費なども含めて検討する。

また，今日では月額，あるいは年額で利用料金が必要なサービスも増えてきている。いわゆる**サブスクリプション（サブスク）**と呼ばれるものである。一般にサブスクリプションとは定額サービスのことであり，例えば月額使用料を支払えば，書籍などが読み放題であったり，音楽が聴き放題であったりするサービスがネットで提供されている。映画やドラマなどの見放題の定額サービスも聴いたことがあるだろう。

昨今は，初期費用に加えて（初期費用が不要な場合もあるが），月々の支払いが必要なモノが増えてきている。金銭的コストの検討は以前よりも複雑になってきているといえる。

次に「時間的コスト」の説明をする。時間的コストは入手するまでの時間である。例えば，店舗で購入すれば，すぐに入手できるが，ネットで購入すれば1週間かかるとする。その場合，モノによってはネットよりも価格が高くても店舗で購入することがある。また，欲しい商品が品切れで取り寄せるまでに1か月かかるとする。その場合，もっとも欲しかった商品をあきらめ，その次に欲しかった商品を購入することがある。実際に購入した商品を入手するまでの時間によって，選択する商品が変更になることから，時間も商品選択に影響を与えていることがわかる。商品の購入において"入手するまでの時間"もコストの一部とみなすことができることがわかる。

時間的コストの重みはそれぞれの消費者で異なるし，そのときの状況でも異なるものである。待つことがとても嫌いな人もいれば，待つことがあまり気にならない人もいる。またそれはカテゴリーによっても異なるだろう。こだわりのあるカテゴリーや強い関心を持つモノであれば，時間がかかったとしても第1位候補の商品をあきらめずに待つことがある。しかし，こだわりのない，生活必需品のような商品であれば，第1位候補の商品がなければ迷わずに次点の商品を選択するだろう。

また普段，ネットショッピングで小説や単行本を購入している人でも，週刊誌の場合はネットではなく，店舗で購入するだろう。このよう

に書籍という同じカテゴリーと思われる商品であっても，時間的コスト
の重みは異なる場合がある。

「エネルギーコスト」とは，入手することや入手した後の煩わしさな
どといった心理的な負担である。例えば，もっとも欲しいと思っている
商品が最寄りの店舗で販売していなければ，販売している店舗を探すと
ころからはじめなければならない。その場合，販売している店舗を探し
てでもその商品を手に入れようと思うか，それとも探す努力が億劫で次
点の商品で妥協するのか。それは消費者ごとに，そしてカテゴリーごと
に異なる。

ところで，高齢者のスマートフォンの所有率が低いことは知られてい
るが，それはなぜだろう。お金に困っていないし，時間的にも余裕があ
る，そしてスマートフォンがあればとても便利であることを知っていて
も所有しない高齢者がいる。スマートフォンの購入・使用には機能の理
解や料金プランの選定，操作方法などを知らなければならない。GB（ギ
ガバイト），タップ，フリックなどの言葉もある。はじめてスマートフ
ォンを購入する消費者にとって，わからないことには相当の心理的な負
担がある。それを調べたり，もしかすると勉強したりする必要があるの
かもと思うかもしれない。そうした心理的負担がエネルギーコストとい
える。

高齢者にとってスマートフォンのベネフィットを理解していても，ま
た金銭的に不自由していなくても購入に至らない一つの要因である。高
齢者にスマートフォンがなかなか浸透しない理由をエネルギーコストの
側面から考えると，ある程度の説明ができるのではないだろうか。

ところで若者を中心にネットショッピングが普及しているが，それは
エネルギーコストがリアル店舗と比較して低いことにもあると考えるこ
とができる。24時間365日，いつでも，どこでも，店舗に行かなくて
も購入ができるし，自宅や近くのコンビニエンスストア（以下，コンビニ）
まで届けてくれる。実際，ネットショッピングで購入している人の中に

第3章　消費者の価値と価格 | 45

は，価格がリアル店舗と同程度，あるいは多少高くてもネットで購入している人もいるだろう。

　最後の「精神的コスト」は，その商品や販売している企業の信頼・信用などといったものである。商品やその商品を提供するメーカーに不安や不信があれば，品質や機能が同等の他の商品より価格が安かったとしても購入をためらってしまうことがある。また，店舗や販売員も不信があれば，勧められた商品を購入することに悩んでしまうこともある。

　それはネットショッピングでも同様である。例えば，欲しい商品が聞いたこともないショッピングサイトで格安で販売されていたとしたら，そのサイトよりも価格の高い有名な大手ショッピングサイトでの購入を考えるだろう。これはそのサイトの信頼・信用である。消費者は聞いたことのない，知らないサイトで購入するのはかなり大きな精神的コストを要する。自身でネットショッピングのサイトを作って販売することを考える人もときどき見かけるが，このことからも成功するのは容易ではないことがわかる。

　このように消費者の商品購入には商品の価格といった金銭的コストだけではなく，時間的コスト，エネルギーコスト，精神的コストのような心理的な面も含むさまざまな負担があり，コストはそれらの総合的なものから判断がなされている。

　それぞれのコストの重みは均等ではなく，消費者の価値意識によって，金銭的コストが大きかったり，時間的コストが大きかったり，同じ商品であったとしても消費者個々で異なる。昨今では商品の機能が多様化，複雑化しており，各商品の機能を理解することがとても大変でうんざりした経験をした人も多くいるだろう。このようにエネルギーコストの負担は大きくなっているのである。

　また，悪質サイトや海外の知らないメーカーの詐欺などの被害も増えている。それらのことから精神的コストも以前と比較して大きくなっているように思う。

消費者には，こうしたコストの重みが常に一定というわけではない。食品会社が偽装するなどの不祥事を起こしたときは，食品全体に対して精神的コストの比重は高くなり，多少価格が高くても精神的コストの低い企業や商品を選択することはこれまでにもたびたび見られている。

②価値におけるベネフィットとは

続いてコトラーにおける価値の**ベネフィット**について説明する。ベネフィットには「**実用的ベネフィット**」と「**感情的ベネフィット**」がある。

「実用的ベネフィット」には「基本機能」と「付加機能」がある。基本機能はその製品カテゴリーのすべての商品に必ずある機能である。例えばテレビならテレビ番組のコンテンツを映すこと，DVDレコーダーなら録画し，再生することである。付加価値は機能・性能，品質，そしてアフターサービスなどもそうである。DVDレコーダーであれば，複数チャンネルの同時録画機能であったり，スマートフォンとの連係機能であったり，テレビであれば4Kや8K対応の高画質・高音質などであろうか。

海外製品の中には付加価値がほとんどない代わりに，国内製品と比較して格安に販売しているものがある。国内企業は海外の低価格品とは差別化する方向で付加価値を増大してきた。金銭的コストが高い分を付加機能により，実用的ベネフィットを増大させる試みである。

「感情的ベネフィット」とは，製品に対する消費者の情緒的な高揚感や満足感，優越感といった，その製品を手にすることで得られる心理的なものである。服やかばん，財布，時計，アクセサリーなどの身に付ける製品は，特に感情的ベネフィットの比重が高くなるものであり，消費者は機能・性能といった実用的ベネフィットとは異なる側面から評価する傾向にある。自動車などにもステータスを感じる高級車がある。自動車にもそうした傾向があるだろう。

ブランド品にあまり関心がないという人も「感情的ベネフィット」が

まったくないわけではない。どのような人だろうと多かれ少なかれある
ものである。例えば，財布を100円ショップで購入することはまずない。
イメージとして100円ショップの財布は壊れやすい・破れやすいと思わ
れている。しかし，それが事実としても，100円ショップで毎月買い替
えをしても1年で1,200円である。コストのみから考えれば，100円ショ
ップで財布を購入した方が合理的である。もっといえば，単にお金を
入れるだけのものであるのだから，手作りも可能だろう。しかし，こう
した話を聞いたとしても，財布は100円ショップで購入する，あるいは
自分で作るという人は皆無だろう。おおよそほとんどの人はブランドに
関心がなかったとしても，体面を気にするものである。「感情的ベネフ
ィット」はそれに強弱があるだけで，高価なお気に入りのブランドを身
に付けたいという欲求を持つ人だけではないのである。

③コストとベネフィットの整理

　コストと**ベネフィット**を細分化すれば，これまで述べたように分けら
れる。コトラーは，コストを「金銭的コスト」，「時間的コスト」，「エネ
ルギーコスト」，「精神的コスト」，そしてベネフィットを「実用的ベネ
フィット」，「感情的ベネフィット」で私たちの持つ価値を説明した。

　それぞれのベネフィットとコストの重みは，消費者それぞれで異な
る。例えば，スーパーで食品を購入する場合に，産地にこだわりなく，
価格重視（金銭的コスト）で商品を選択する消費者もいれば，安全安心
（心理的コスト）を重視して，多少値が張っても国産食材を選択する消費
者もいる。また，製品の機能性（実用的ベネフィット）よりも高級ブラン
ド（感情的ベネフィット）を選択する人もいれば，その逆の消費者もいる。
消費者の価値意識は千差万別である。「価格が高いから売れない」とい
う声をよく耳にするが，実際にそうであるのかには疑問を持つ。

　消費者の価値意識の違いを，店舗選択を例に説明してみる。食品スー
パーとコンビニでは食品スーパーの方が商品は安い。例えば，同じペッ

トボトル 500ml の飲み物が食品スーパーで 80 円，コンビニで 120 円だったとする。コンビニの方が割高であることは誰しも知っていることだろう。さて，設定として最寄りの食品スーパーまで 15 分，コンビニまで 3 分であったとき，先の飲み物だけを買いに行くなら，食品スーパーとコンビニのどちらに行くだろうか。「時間がかかっても価格の安い食品スーパーに行く」という人もいるだろうが，「すぐに手に入る近くのコンビニで買う」という人も数多くいることは想像がつく。

「価格は安い方がよい」とは誰しも思うことではあるが，上記のように具体的に場面設定をしてみると，私たちには価格以外の選択基準があることに気づく。商品あるいは店舗などの消費者の選択行為をリサーチする場合に，「品質」や「価格」のみを調査している場面をときどき見かけるが，実際には品質や価格以外にも多くの要素があることがわかる。ベネフィットは機能や品質だけではないし，コストも価格だけではない。

こうした見方は商品や店舗だけではない。進学あるいは就職が決まり，住居を探す場合にも当てはまる。家賃や会社あるいは大学に近い場所という選択基準はすぐに思いつく。しかし，それ以外にも日常生活の買い物に便利なところ，会社や大学からは多少遠いけれど，地下鉄などの公共交通機関の駅に近いところ，あるいは歓楽街が徒歩圏にあるところを基準にする人がいるかもしれない。ブランド街と呼ばれる地域のステータスで選ぶ人がいるかもしれない。そしてできれば治安が悪いと言われているところはできるだけ避けたいと思うものである。もちろん，それらすべてを満たすところはない。私たちはそれぞれの要素に重みを付けて（重要度を付けて），最終的にどれかを選択する。意識／無意識に関わらず，消費者はそれぞれの価値基準で重視するところを考え，検討している。

消費者をリサーチするとき，往々にして思い付きや自らの価値基準，一般的に言われていることからアンケートの質問項目を考えたりするこ

とが多い。広い視野から多面的に見ることが必要である。

5．情報の受け取り方による消費者の態度

①**精緻化見込みモデル**（Elaboration Likelihood Model：ELM）

　これまでの説明で消費者の購買選択は千差万別であることを説明したが，ここでは消費者の内面に焦点を当てて考察する。これには**精緻化見込みモデル**（Elaboration Likelihood Model：ELM，以下，ELM）が参考になるかもしれない[3]。このモデルは説得に対する聞き手側の態度変容に関するモデルである。

　現在の社会はすべての商品を詳細に調べることが，時間的にも能力的にも不可能なほど，商品があふれているということを説明した。そし

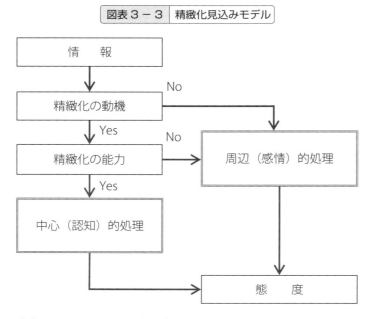

図表3－3　精緻化見込みモデル

出所：Petty & Cacioppo（1986）
　　　清水（1999），p.89，一部省略

て，前節では実用的ベネフィットを説明した。しかし，私たちはすべて
の商品の付加価値を把握し，そしてそれを基準に判断しているわけでは
ない。

　関心の高いモノは，その商品の情報にも強く関心を持つ。しかし，関
心のないモノについてはその商品の情報を見ても興味を持たない。企業
側や販売側の宣伝広告にしても，関心のあるモノに対しては，提示され
た情報に耳を傾けるだろうし，関心のないモノは聞き流している。

　図表3－3にある「精緻化の動機」とはそれである。私たちは説得し
ようとする相手に最も良いと思われる情報を（例えば，テレビCMやネッ
ト広告で）伝えれば，それを選択すると考えている。しかし，その人に
とって，関心のない商品であれば，提示した情報を見てはいないし，仮
に見たとしても記憶には残らないのだから，情報から論理的・合理的に
商品を選択することはない。そのため，「周辺（感情）的処理」が行われ，
店員のお勧めや好きなデザイン，もしかすると価格が安いというだけで
選択するかもしれない。

　それでは関心があれば，私たちは合理的な選択をするのだろうか。そ
れにはもう一つの壁がある。関心があれば，その商品の情報を入手する
だろうし，説明もよく聴くだろう。しかし，説明を理解するための知識
がなければ，結局は適切な情報を提供されていたとしても，それをもと
にした合理的な選択はできないのである。

　ここではPCを買い替えようと思う。購入しようと思うPCのCPU
性能が2.5GHzだとしたら，どう判断したらよいのだろうか。2.5GHzと
はCPU性能が高いのだろうか，低いのだろうか。購入しようとする私
に適切なPCなのだろうか。また，そのPCのハードディスクは1TB
のようである。買い替えるPCのハードディスクは1TBで自分には十
分なのだろうか，少ないのだろうか。商品の選択にはある程度の知識が
必要なことは理解できるだろう。こうした情報を理解する知識が，図表
3－3にある「精緻化の能力」である。

第3章　消費者の価値と価格 | 51

　私たちが論理的・合理的に商品を選択するには，その商品カテゴリー
に対して関心があること，そしてその商品の説明や情報を理解・判断で
きることが必要ということになる。もしどちらかがなければ，「周辺（感
情）的処理」に進み，両方ともあれば，「中心（認知）的処理」に進む。
　「中心（認知）的処理」とは自身に最も適したものを合理的，論理的
な判断で，選択するための情報処理を行うことである。「周辺（感情）
的処理」とは説明や情報から適切に選択できないことから，「××メー
カーだから安心できる」，「△△さんが勧めているから」，「デザインが好
き」，「一番安いから」などという合理的ではなく，感情的・情緒的な選
択を行うことになる。こうした購入をした心当たりのある人もいるので
はないか。
　ELM は，消費者行動の研究から登場したものではないが，消費者の
選択する商品への関心と，そのカテゴリーとその商品への理解度によっ
て，消費者の選択する過程が異なることがわかる。
　テレビ CM で好感度の高い俳優などに出演してもらうのは，商品に
関心はなくともテレビ CM に注目してもらい，消費者に情報を入手し
てもらうための手段である。また，時には自社サイトに誘導したりする
ような広告は精緻化する動機を与え，精緻化の能力の獲得を促している
とみなすことができる。もちろん，好感度の高い俳優のファンであれば，
それだけで購入する場合もあるかもしれない。それは周辺（感情）的処
理による選択といえるが，そのテレビ CM により，関心を持ち，実際
に調べ，その製品を十分に理解したのであれば，それは「中心（認知）
的処理」での選択といえる。テレビ CM はこうした役割を持っている。

【注】
1) Heskett, J. L., Sasser, W. E. and Schlesinger, L. A. (2003), *The Value Profit Chain*,
　　The Free Press.（山本昭二・小野譲二訳 (2004)，『バリュー・プロフィット・チェー
　　ン』，日本経済新聞社。）
2) Kotler, P. (2000), *Marketing Management: Millennium Edition, Tenth Edition*, Prentice-

Hall.（恩藏直人（監修），月谷真紀（訳）（2001），『コトラーのマーケティング・マネジメント　ミレニアム版（第 10 版)』，ピアソンエデュケーション。）

本書では 2000 年発行の第 10 版をもとに説明している。

3) Petty, R. E. and J. T. Cacioppo (1986), "The Elaboration Likelihood Model of Persuasion," *Advances in Experimental Social Psychology*, Vol.19, pp.123-205.

清水聡（1999），『新しい消費者行動』，千倉書房，pp.88-90。

第4章

消費者のブランド・カテゴライゼーション

1. ブランドと選択肢過多

　ブランドとは，同一カテゴリー内の他の商品と区別するためのものである。私たちはネーミングやマーク，商品のパッケージなどのデザインで商品を区別している。売り手が，他の商品と区別するのは，他の商品よりも優れている，あるいは自社が他社よりも信頼されているなどから，消費者の記憶に残り，商品の区別をできるようにするためである。

　ブランドという言葉は，一般に高価な商品というイメージがあるが，もともとの意味，そして学問的にはそうした意味はない。例えば，日本コカ・コーラ株式会社が発売する「綾鷹」や「アクエリアス」，キリンビバレッジが発売する「生茶」なども他社の商品と区別する商品のブランド名である。

　ブランド名は，企業や商品の名称を単なる区別がつくという意味だけではなく，名称にさまざまなイメージを持たせている。以前，このメーカーの商品を購入してとても良かった，評判が良い／悪いなど，メーカーの，あるいは商品の区別がつくことで取捨選択している。私たちはさまざまな情報に触れ，そして過去に購入した経験の記憶を辿って商品の取捨選択行為をしている。

今日ではインターネットが普及し，たしかに大量の情報に触れることが可能になった。しかし，情報をいくら収集したとしても，それを理解し，判断し，選択するのは，結局は消費者自らが行わなければならない。私たちは，購入する商品を選択する行為が，想像以上に大変であることに意外に気づいていないようである。

ここでコロンビア大学のアイエンガーの調査を紹介したいと思う[1]。この調査はスーパーマーケットで，ジャムの試食コーナーを設置し，24種類のジャムと6種類のジャムで実験をしたものである。

試食コーナーに，24種類のジャムのときは来店客の60％が，6種類のときは来店客の40％が訪れたという。そして，試食コーナーに訪れた客すべてに，ジャムの割引クーポンを渡した。

その結果，6種類のジャムのときは試食客の30％が，24種類のジャムのときは試食客の3％がジャムを購入したという。24種類のジャムのときは次々に手に取って調べ，連れがいる客は相談して，長いときには10分迷った挙句に手ぶらで去っていったのに対し，6種類のときは1分ほどで選び取っていったそうである。私たちは豊富な選択肢を用意すると，選択することに負担を感じて，結果的に選択できないことが往々にしてある。これを**選択肢過多（Choice Overload）**と呼ぶ。

とはいえ，豊富な品揃えのあるお店には，選ぶ楽しみや買い物の自由さを，そしてなにより自分にとってもっとも良いものを選択できると思っている。実際，品揃えの少ないお店よりも，品揃えの豊富な店に行きたいと思うものである。そのため，小売業者は品揃えの豊富な大型店を続々出店している。しかし，先の事例のように，豊富な品揃えは選択できずに購入をためらうという側面もあるという矛盾を抱える。消費者の悩ましい行動を理解しておく必要があるだろう。

私たちは無限の時間を持つわけではないし，ジャム一つを選択するために，それほど多くの時間を割くことはない。「どれにしようか悩んでいるうちに「今すぐ購入する必要はないのだから…」と購入を次回にし

てしまった」という話に納得する人は多いのではないだろうか。

2．消費者の商品選択の複雑さ

　車，テレビ，パソコン，お菓子などを購入するとき，関心のあるもの／ないもので選択基準が異なることは説明した。しかし，それだけではなく，同一カテゴリー内でも時に応じて，選択基準が異なるものである。私たちは「TPO（Time（時）・Place（場所）・Occasion（場面））に合わせて…」というように，同一カテゴリーであったとしても，商品選択をするときに状況や購入目的などで，異なる商品を選択する。

　ここでコーヒーカップを購入することを考えてみよう。自分が使用するコーヒーカップなら100円ショップで十分と思うかもしれないが，大切な人への記念のプレゼントなら，100円ショップで購入することはないだろう。大切な人への記念のプレゼントなら数千円，もしかすると数万円のコーヒーカップを購入するかもしれない。コーヒーカップの購入という場面においても，購入の目的によっても，私たちの購入する商品の選択基準は異なる。

　さて，大切な人へのコーヒーカップ購入までの過程を，もう少し具体的に考えてみよう。その場合，購入する店は百貨店内の食器専門店を思い浮かべるだろうか。そこには国内外の陶器メーカーの高価な商品が並んでおり，廉価なノーブランドの商品は見当たらない。購入するお店を選択した時点で第一段階の絞り込みが行われていると言っていい。次に店内の売り場から予算で，ある程度絞り込みをする。そして，プレゼント相手のイメージや自分らしさを考えて，購入する商品を選択することになる。このように私たちは最終的に購入する商品を決定するときには，何段階かに分けて絞り込みを行っている。

　こうした場面による商品選択の違いはさまざまなところで見られる。「あなたはコーヒーを飲みたいとする。あなたはどこに行くだろうか」

から考えてみたいと思う。とても大切な人となら，一杯 1,000 円のホテルのラウンジに行くかもしれない。友人・知人とちょっとした待ち合わせ，あるいは仕事や勉強と考えるなら一杯 500 円程度のカフェに行くかもしれない。ドライブ中に一息つきたいのなら，一杯 150 円程度のコンビニのコーヒーをテイクアウトするかもしれない。

このように価格の違いは，それを求める消費者のニーズに合わせたものであるといっていいだろう。よって，消費者のニーズを知ることが，新たなビジネスに結びつくことはよくあることである。

ここでは，コーヒーカップやコーヒーを飲むという行為を例に考えてみた。同一カテゴリーから商品を選択する場合でも，TPO に応じて購入選択の絞り込みのしかたが異なるのである。こうした TPO に応じて選択する基準が異なるのは，第 2 章 2 節で説明したことが参考になるだろう。

3．ブランド・カテゴライゼーションの枠組み

前節で説明したが，私たちが商品を購入するとき，数多くある中からどれか一つを選択している行為について，どのような過程により，数多くある中から一つを選択しているのかを意識して考えた人はほとんどいないだろう。私たちは選択するほとんどの過程を無意識下で絞り込みを行っている。この無意識下で行っている絞り込みの過程を**ブランド・カテゴライゼーションの概念図**[2] から考えてみる。ブランド・カテゴライゼーションとは，あるカテゴリーに含まれるブランドを，私たちが分類・類型化する枠組みのことである。

ブランド・カテゴライゼーションの概念図では，消費者が商品を購入するとき，特定のカテゴリー内のすべてのブランド（商品）を当該消費者の持つ情報や経験，意図などにより，分類し，取捨選択していく。最初の入手可能集合から，知名段階で分類される商品，そして知名段階か

第4章 消費者のブランド・カテゴライゼーション | 57

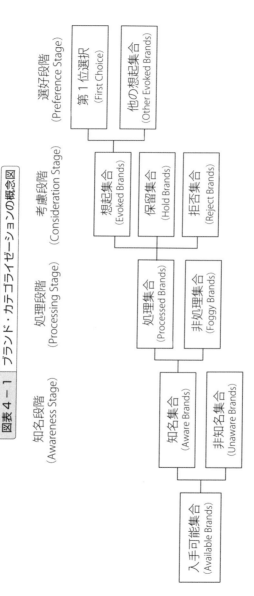

図表4－1 ブランド・カテゴライゼーションの概念図

出所：Brisoux and Cheron (1990), p.102 を一部修正

ら処理段階で分類された商品，そして考慮段階を経て，選好段階となり，購入が決定されると考えられている。

　市場には多くのブランドが存在するが，私たちはすべてのブランドを選択候補にしているわけではない。数多くあるブランドの中から最終的に購入する一つを選択する。以下で，図表4－1を詳細に説明する。

①入手可能集合

　対象のカテゴリーにある購入可能なすべての商品を「**入手可能集合**」と呼ぶ。入手可能集合には購入可能な商品のすべてが含まれる。

　インターネットが普及する前は，都会と地方では入手可能集合には大きな差があった。都会では販売しているが，住んでいる町では販売していないとすれば，それを手にすることはできなかった。それが，ネットショッピングの浸透により，入手可能集合は限りなく広がったといえる。地方に住んでいても，都会で販売しているものも購入できるようになったし，国内では販売していない海外メーカーの商品でも，インターネットで販売していれば購入することが可能になった。

②知名集合・非知名集合

　「**知名集合**」とは当該消費者が名称を知っている商品である。「**非知名集合**」とは，当該消費者が存在を知らない商品である。当然のことながら存在を知らない商品を購入することはない。

　清涼飲料水を考えてみる。全国清涼飲料連合会[3]によれば，ミネラルウォーター，茶系飲料，スポーツ飲料，コーヒー飲料，炭酸飲料，果実飲料などの清涼飲料水は，年間6,000～7,000種類発売されているという。また，そのうち新商品として，年間約1,000種類が発売されている。私たちはどの程度，知っているだろう。先の入手可能集合がネットショッピングを含めて，おおよそ7,000種類として，知名集合はそのうちのわずかであり，非知名集合はそのほとんどである。

第4章　消費者のブランド・カテゴライゼーション ｜ 59

　では私たちが商品を購入するとき，すべての商品を知る努力をするだ
ろうか。店内で知る商品もあるだろうが，ほとんどの場合はあえて知ろ
うとすることはない。清涼飲料水よりも商品数が少ない家電製品であっ
ても，すべての商品を知ろうとはしない。当該消費者の知名集合に属す
る商品は販売されている商品のごく一部であり，ほとんどの商品は非知
名集合であることが現実である。

③処理集合・非処理集合

　知名集合の下位集合である「**処理集合**」と「**非処理集合**」を説明する。
処理集合とは購入目的などに合わせて，知名集合の中から絞り込んだ商
品群である。そのため，処理集合になる商品は，選択する上で必要な商
品の特性や特徴を理解しているということになる。もし，その商品の名
前を知っていようと，どのような商品であるのかを知らなければ，選択
することはない。

　非処理集合は「購入目的から外れている」，「名前を知っているだけで，
どのような商品かわからない」，「予算額から大きく外れている」という
場合があるだろうか。ただし，非処理集合になった商品が，必ずしも当
該消費者にとって有益ではないというわけではない。どのような商品な
のかがよくわからないために処理集合から除外されてしまったが，もし
かすると詳しく知れば購入対象になるかもしれない。

　いずれにしても，非処理集合の商品は，今回の購入候補にはならない
と当該消費者が思っている商品である。

④想起集合・保留集合・拒否集合

　「処理集合」の下位集合には「**想起集合**」，「**保留集合**」，「**拒否集合**」
の３つがある。

　「拒否集合」は当該消費者が過去にあった嫌な経験，後悔した経験な
ど，ネガティブな印象を持っているため，名前もどのような特性や特徴

を持つものなのかも知っているが，購入したくないと考える商品である。他にも，信頼する友人や知人，あるいはネットのクチコミなどからネガティブな（良くない・否定的な）話を聞いたときもこれに当てはまるだろう。誰もが商品選別中に銘柄を一瞥しただけで，印象が悪く購入候補から除外した経験はあるだろう。

昨今はネットの影響により，流言・誤報・嘘・デマから，本来であれば拒否集合に含まれない商品まで拒否集合になってしまっている例が散見されるように思う。これは企業そのものにも当てはまる。販売している会社や店の悪い噂（事実かどうかわからない）が，ネット上で拡散されて損害を被ったという話は誰しも聞いたことがあるだろう。

「保留集合」はどのような商品かよく知ってはいるし，購入目的とも合致しているが，なんらかの事情で今回の商品選択では除外された商品群である。私たちが最終的に一つの商品を選択するときに購入候補としている商品は，せいぜい３〜７種類くらいだろうか。それ以外はすべて拒否集合かといえばそういうわけではない。この次に購入する機会があれば，購入に至るかもしれない，そういう商品が保留集合である。

「拒否集合」，および「保留集合」で除外され，最終候補として残った商品を「想起集合」と呼ぶ。「想起集合」に残る商品はカテゴリーや個々の消費者によっても異なるが，先に述べたように，おおよそ３〜７種類程度と言われている。最終的に購入されるものは，ここまで選択候補として残っている（３〜７種類程度）想起集合の中から選ばれることになる。

⑤第１位選択と他の想起集合

最終的に選択される商品は，先の「想起集合」の中から一つが選ばれる。想起集合に関する研究では３〜５種類とするものもあれば，海外の研究では７種類程度とするものもあり，明確にはわかってはいない。しかし，いずれにしても「想起集合」の中から，個々の消費者の判断により一つが選ばれ，それ以外は「他の想起集合」として，購入には至らない。

４．ブランド・カテゴライゼーションの整理

　前節ではブランド・カテゴライゼーションの概念図を説明した。消費者の購入する商品は「入手可能集合」の中からはじまる。そこから「**知名段階**」，「**処理段階**」，「**考慮段階**」，「**選好段階**」と段階的に絞り込みを行っているという考えである。おおよそ納得できるのではないだろうか。

　メーカーの立場から考えてみると，自社の製品をまずは消費者に知ってもらわなければ（知名集合）購入してもらえない。そして選別が行えるように商品を理解してもらい「処理集合」となること，その上でポジティブに評価され，「想起集合」に入ることが消費者に購入してもらうためには必要だということになる。ところが，メーカーの中にも，自社の製品は無条件で想起集合に含まれていると思っている人がいるように感じる。たまに見かけるメーカーのアンケート調査の質問票を見てそう感じる。もし，アンケート調査の質問票を作るなら，どの段階で当該商品が除外されるのかを知るべきだろう。

　さて，テレビ CM，新聞や雑誌，ネット上の広告などは，消費者の「知名集合」に入れてもらうためにある。広告によっては「処理集合」に入れてもらえるかもしれない。店頭にて POP 広告を付けるなどして，目立つように陳列してもらうこともそれに当たるだろう。

　ところで，昨今，ネットでの広告も増えているが，私たちはどの程度，広告を見ているだろう。そもそも広告とは，その当該商品を知らない人やそれに関心のない人に見てもらうことが一番の目的であると思う。しかし，私たちは知らない商品や関心のない商品の広告を見ているだろうか。ネット上に流れている広告を見ているのだろうか。ネットに接続するとさまざまなサイトに広告があるが，どれほどの広告が記憶に残っているのかを考えてみて欲しい。記憶に残っている広告は知っている商品

や関心のある商品であることにあらためて気づく。

　ときに私たちは，表示された広告を閉じるという作業をしたり，動画広告の場合は最後まで見たりしなければならない。これはたしかに見ている人の記憶に残るかもしれない。しかし，そうした広告は認知されるだろうが，強制的に見させられた広告は不快感から，その広告の商品にネガティブな印象を持ち，拒否集合に分類される可能性もある。一度，拒否集合に分類されてしまうと，その後，選択してもらう過程にはなかなか戻っては来ない。

　テレビでも15分程度の間隔でCMが流れる時間がある。しかし，不思議なことにテレビCMではネット広告ほどの不快感をあまり持たない。消費者の選択過程から考えると重要なことではないだろうか。今後のネット広告の改良や革新に期待したいところではある。

　例として，先ほど説明した清涼飲料水を考えてみようと思う。年間約6,000〜7,000種類，新商品は約1,000種類が発売されている。私たちはどの程度の新商品を目にして，記憶に残り，購入しているのだろうか。清涼飲料水の例から，新発売の商品の購入にたどり着くのはとても難しい。

　よいモノであっても，消費者が購入できるところで販売していなければならないし，消費者に商品を知ってもらい，関心を持ってもらわなければ，想起集合には入らない。そして，想起集合に入っていたとしても，他の商品との違いを，消費者が明確に理解していなければ購入には至らない。このことから「よい商品だから売れる」ということにはならないことを理解しなければいけない。今日，ビジネスに携わっているとマーケティングという言葉が，必ずといっていいほど耳にする理由である。

　どう消費者に伝えるかが売り手の努力であるし，よいモノでありながら，購入してもらえないのなら，ブランド・カテゴライゼーションの概念図のどの段階で消費者から除外されているのかを知る必要があるのではないだろうか。

【注】

1) Iyengar, S. (2010), *The Art of Choosing*, Grand Central Publishing. (櫻井祐子訳 (2010),『選択の科学』, 文藝春秋。)

2) Brisoux, J. E. and Cheron, E. J. (1990), "Brand Categorization and Product Involvement," *Advances in Consumer Research*, Vol.17, pp.101-109.

3) 全国清涼飲料連合会の「統計」より

第5章

消費者の認知と絞り込み

1. 商品選択の絞り込みと多属性効用理論

　ブランド・カテゴライゼーションでは，消費者は段階的な絞り込みを行うと説明した。ここではその絞り込みのしかたについて説明する。

　認知心理学では，私たちの選択は**ヒューリスティック**であると考えられている。ヒューリスティックとは，過去の経験や先入観によって，直感的に判断するといった意味がある。意思決定の場面では綿密に分析して最適解を見つけるのではなく，これまでの経験則から最短で解を求めようとする。よって，ヒューリスティックな決定では，最適解を導き出すのではなく，効率的に解を見つけるということになる。そのため，不適当な解や一貫性のない解を導き出すことがある。私たちの商品の選択はその場その場で異なることがあり，状況依存性が高い。

　実際に，数あるブランド（選択肢としての商品）の中から購入する商品をどのように選択しているのかを考えてみる。私たちが商品を選択しようとしたとき，その商品の「デザイン」や「機能」，「操作性」，「価格」などから，どれかを重視したり，それらを総合的に判断したりしている。

　これからもわかる通り，私たちは商品を，自身が思いつく「デザイン」や「価格」といった属性に分けて考えている。もちろん，それは商品のカテゴリーによって変わるものであり，お茶などの飲料水であれば，

第5章　消費者の認知と絞り込み　｜　65

「味」や「香り」，「容量」，「ペットボトルのデザイン」，「価格」といっ
た属性になるだろうか。

　こうした考え方は**多属性効用理論**，あるいは**多属性態度モデル**などと
呼ばれる。これ以降は，多属性効用理論を前提にして，商品の選択を説
明する。

　商品の選択では，すべての属性を総合して商品を選択するのか，それ
とも自身が強く求める属性に重きを置いて商品を選択するのかなど，判
断のしかたは消費者それぞれである。私たちは各属性に求める期待値や
許容値と，評価値を比較しながら選択している。

　これまでの多属性効用理論の研究では十数種の決定方法があるとされ
るが，ここではその中から7つの決定方法を取り上げて説明する。

図表5－1　多属性効用理論の分類

	（A）評価値（utility values） 当該消費者の属性の評価	（B）要求レベル（cutoff point） 当該消費者の許容レベル
（1）商品	①等加重型 ②多属性ユーティリティモデル	⑥分離型
（2）属性	③優勢型 ④有力多数型 ⑤辞書編纂型	⑦EBA型

　図表5－1では，（1）各属性を総合し，商品全体から評価するのか，
（2）属性ごとに比較，あるいは個々の消費者の重視する属性で評価する
のか，そしてそれと組み合わせて，（A）個々の消費者が考えた属性の
評価で取捨するのか，（B）許容できる最低レベルを基準に取捨するの
かで選別方法を分類した。

　次に，図表5－1を（1）（A），（2）（A），（1）（B），（2）（B）のそれ
ぞれに分けて説明する。

２．多属性効用理論における選択方法

（1）（A）商品－評価値
①等加重型
　　属性の重み付けは考慮せず，すべての属性の評価値の合計が最も高い選択肢を採択する。
②多属性ユーティリティモデル
　　重み付けされた各属性の評価値を合計し，その評価値の最も高い選択肢を採択する。

（2）（A）属性－評価値
③優勢型
　　選択肢の各属性の評価値が他の選択肢と同程度であり，少なくともどれか一つの属性で優れた評価値を持つ選択肢を採択する。
④有力多数型
　　有力な属性で高い評価値の数が最も多い選択肢を採択する。
⑤辞書編纂型
　　重視する属性の評価値が最良の選択肢を採択する。その際に，複数の選択肢が残存すれば，その手法を２番目に重視する属性，３番目に重視する属性と繰り返し行われる。

（1）（B）商品－要求レベル
⑥分離型
　　各属性に足切りするための要求レベルを設定し，各属性が要求レベルのすべてを満たした最初の選択肢を採択する。

第5章　消費者の認知と絞り込み | 67

（2）（B）属性－要求レベル

⑦ EBA 型

　　重視する属性が要求レベルに満たない選択肢を除去する。その際に，複数の選択肢が残存すれば，その除去プロセスで2番目に重視する属性，3番目に重視する属性と繰り返し行われる。

　図表5－2で，ノートPCの購入を例に，図表5－1の各選択方法を説明する。

図表5－2 | ある消費者のノートPCの商品選択における各属性の評価の例

購入候補の ノートPC	CPU 性能	メモリ 容量	画面の 大きさ	軽さ	デザイン	価格	評価値の 合計	重み付け した合計
A	7	7	6	10	7	7	44	152
B	10	9	5	4	6	5	39	152
C	6	6	10	8	10	6	46	146
D	8	8	7	7	7	7	44	157
重視する 属性順位	1	3	6	5	4	2		
要求レベル	7	7	6	6	6	7		

　図表5－2では，縦の見出しには購入候補であるA・B・C・DのノートPCがある。横の見出しには購入時に考慮する属性がある。考慮する属性には「CPU性能」，「メモリ容量」，「画面の大きさ」，「軽さ」，「デザイン」，「価格」を置いた。これらの属性は消費者ごとによって異なる。外出時での利用が多い消費者であれば，「バッテリー時間」を属性に加えるだろうし，ゲームや映像を目的とする人なら「グラフィックの性能」という属性を加えるかもしれない。

　さて，各商品の属性の評価については，私たちは商品を購入するときにいちいち点数化などはしていない。しかし，ここではどの項目を高く

評価しているかをわかりやすく説明するために疑似的に点数化した。また，その評価は当該消費者の主観であるため，消費者個々で異なることになるが，選択方法についての説明のため，とりあえず点数化を行い10段階に数値化している。例えば，ノートPCを購入しようとしている当該消費者は，A商品のCPU性能は10段階で7の評価をしているということである。

　それぞれの属性の中で「重視する属性順位」は「CPU性能」を最も重視し，次に重視しているのは「価格」，以降「メモリ容量」，「デザイン」，「軽さ」，そして最も重視していない属性は「画面の大きさ」ということである。

　「要求レベル」は記載している数値以上の商品を期待しているということである。「CPU性能」，「メモリ容量」，「価格」は7以上の評価の商品を購入したいと思っているし，「軽さ」，「デザイン」，「画面の大きさ」は6以上の評価の商品を購入したいと考えている。

　以上をもとにして，それぞれの選択方法を解説する。

　「①**等加重型**」は，「属性の重み付けは考慮せず，すべての属性の評価値の合計が最も高い選択肢を選択する。」であるから，この場合，それぞれの属性の「評価値の合計」が，"46"ともっとも高い「C」が選択されることになる。

　「②**多属性ユーティリティモデル**」では重視する属性を考慮の上で選択する。ここでは「重視する属性順位」をもとに各属性の重み付けをする。6つの属性があることから，最も重視する「CPU性能」を6点，2番目に重視する「価格」を5点，3番目に重視する「メモリ容量」を4点…のように重み付けをし，最も重視しない「画面の大きさ」を1点として，それぞれの評価値を掛け合わせて商品を決定することにする。それぞれの「重み付けした合計」は以下のとおりである。

A = $(\underline{7} \times 6\,点) + (\underline{7} \times 4\,点) + (\underline{6} \times 1\,点) + (\underline{10} \times 2\,点) + (\underline{7} \times 3\,点) + (\underline{7} \times 5\,点)$

   = 152 点

B = $(\underline{10} \times 6\,点) + (\underline{9} \times 4\,点) + (\underline{5} \times 1\,点)\ +\ (\underline{4} \times 2\,点) + (\underline{6} \times 3\,点)$

   $+ (\underline{5} \times 5\,点) = 152\,点$

C = $(\underline{6} \times 6\,点) + (\underline{6} \times 4\,点) + (\underline{10} \times 1\,点) + (\underline{8} \times 2\,点) + (\underline{10} \times 3\,点)$

   $+ (\underline{6} \times 5\,点) = 146\,点$

$\underline{D}$ = $(\underline{8} \times 6\,点) + (\underline{8} \times 4\,点) + (\underline{7} \times 1\,点) + (\underline{7} \times 2\,点) + (\underline{7} \times 3\,点)$

   $+ (\underline{7} \times 5\,点) = \underline{157\,点}$

　これにより「多属性ユーティリティモデル」による選択では，「D」が選択されることになる。

　「**③優勢型**」では選択肢の各属性で他の選択肢と同程度であるというところから，すべての属性で見劣りがないこと，そしてどれか一つの属性が優れているものを選択することになる。ここでは最低値の商品を除外することにする。「CPU 性能」の評価値 6 が最低値であるため，「C」を除外し，次に「メモリ容量」で同様の操作を行い，「画面の大きさ」…と繰り返し行う。それによって，「A」と「D」が候補として残ることになる。そして優れている属性のある商品を選択する。この場合，「A」が「軽さ」で他商品よりも優れているため選択されることになる。

　「**④有力多数型**」では，例えば PC の購入で一般に重視する有力な属性としては，「CPU 性能」，「メモリ容量」，「価格」が考えられるだろうか。その場合，「CPU 性能」，「メモリ容量」がもっとも高い評価値であった「B」が選択される。

　「**⑤辞書編纂型**」では重視する属性の評価値の高い商品を選択する。もし，複数の商品が残れば，次に重視する属性の評価値の高い商品で絞り込む。この例の場合，「CPU 性能」が最も重視する属性であり，一番評価値の高い「B」が選択される。

　「**⑥分離型**」では足切りレベルである属性の要求レベルに満たない商

品を順次除外する。図表5−2では足切りである「要求レベル」が「CPU
性能：7，メモリ容量：7，画面の大きさ：6，軽さ：6，デザイン：6，
価格：7」であるから，それに満たない商品を除外することになる。そ
して要求レベルをすべて満たした最初の商品を選択する。Aから順にB，
C，Dと検討する場合，最初に検討する「A」で満たされるため，「A」
が選択される。

「⑦ **EBA型**」では重視する属性から順に要求レベルに満たない商品
を除外する。例では最も重視する属性が「CPU性能」であるから，そ
の要求レベルである「7」を下回る商品は除外する。よって「C」が除
外され，「A」，「B」，「D」が残る。次に重視する「価格」の要求レベル「7」
を下回る「B」が除外され，「A」，「D」が残る。これを重視する属性か
ら順に繰り返し行う。この例では「A」と「D」が最終的に残ることに
なるが，その場合，当該消費者はいずれかの属性の要求レベルを上げる
判断をし，また繰り返すことになるのかもしれない。

3．多属性効用理論による選択方法の整理

　私たちは辞書編纂型により，商品を取捨選別することもあるし，等加
重型で選別するときもある。

　具体的に考えてみよう。こだわりを持つ商品カテゴリーから購入する
商品を慎重に選ぶとき，どのように選択しているだろうか。等加重型や
有力多数型で選択することはないだろう。少なくとも自身が重視する属
性は考慮するだろうし，だからといって最も重視する属性以外の属性を
まったく考慮しないということもないだろう。

　しかし，こだわりのない商品カテゴリーではあるが，価格も高く，購
入したら数年間使うような商品カテゴリーならどのような選択方法をす
るだろうか。学生なら洗濯機などがそれに当てはまるかもしれない。長
く使うことから，価格も考慮するだろうが，すぐに壊れるようでは困

第5章　消費者の認知と絞り込み ｜ 71

る。購入した後に後悔しない商品を選択しようとするのではないだろうか。その場合，有力多数型，あるいは分離型により，各属性で見劣りすることのない商品を選択しようとするかもしれない。もしかすると考えることがめんどうなときやあまり時間がない中で選択するときは，辞書編纂型で選択する人がいるかもしれない（選択時に十分な時間的余裕があるときなら，また違った選択方法を取るのかもしれない）。このように選択方法は人それぞれであるし，状況によって異なることがわかる。

　こういう経験をした人はいないだろうか。深夜に購入する商品を決めてから寝て，次の朝に起きたら，新たな情報を入手したわけでもないのにそれとは違う商品がよく思えるといったことである。これは昨日の夜とは選択基準や選択方法が変わったということである。

　ところで，選択方法を**補償型／非補償型**に分類する考え方もある。補償型とはある属性が劣っていた場合でも他の属性が優れているのなら良いとして選択する。非補償型とはある属性が劣っていた場合，他の属性がいくら優れていようと選択しない。

　図表5－1の選択方法を**補償型**と**非補償型**に分類してみる。

補　償　型…①等加重型，②多属性ユーティリティモデル，④有力多数型
非補償型…③優勢型，⑤辞書編纂型，⑥分離型，⑦EBA型

　補償型と非補償型では商品選択時の消費者の情報処理，時間，労力に大きな違いが出てくる。例えば，α商品とβ商品の属性Aについて，α商品が優れていた場合，非補償型であればその時点でα商品となるが，補償型であれば属性Aだけではなく，「属性B，属性C…」と比較して最終的に選択する商品を決めるということになる。補償型の選択方法は消費者の負担は大きいが，それだけ慎重に商品を理解して選択しているともいえる。

　ところで，4章でブランド・カテゴライゼーションの概念図を説明し

図表5−3 ブランド・カテゴライゼーションの概念図

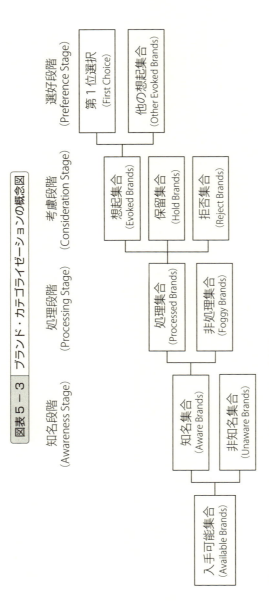

出所：Brisoux and Cheron (1990), p.102 を一部修正

第5章　消費者の認知と絞り込み　|　73

た。あらためて，図表5-3に再掲し，多属性効用理論の選択方法との
関係を考えてみる。

　ブランド・カテゴライゼーションの商品選択では知名段階，処理段
階，考慮段階，そして選好段階と4段階で絞り込みが行われている。こ
の中の知名集合は銘柄を知っているものすべてなので，実際に消費者が
絞り込んでいるのは処理段階，考慮段階，選好段階の3つということに
なる（詳細については4章を参照）。

　さてそれぞれの段階ではどのように消費者は選別をしているのだろ
う。当然，個々の消費者はなにがしかのルールをもって絞り込んでいる
だろう。本書では7つの決定方法を説明したが，各段階で異なる選択方
法を用いているのかもしれない。

第**6**章

商品に対する関与

1．アサエルの購買行動類型

　消費者の製品への関与レベルは人それぞれ違うものである。例えば，カメラに高い関心を持つ人もいれば，まったく関心がない人もいる。食品についても吟味して購入する人もいれば，深く考えずにいつも購入しているモノや一番安いモノを選択する人もいる。人それぞれである。

　消費者の購買に投じるエネルギーは，それに対する関与レベルと密接な関わりを持つ。消費者が何かを購入するとき，目的達成のために強く動機づけられた心理状態にあれば，商品選択に多くのエネルギーを割くと考えられている。消費者の購買への**関与**とはそうした心理状態を指す概念である。商品それ自体に消費者個々の価値が強く表れ，強い思い入れやこだわりを持つ場合や高額な商品を購入する場合などには関与レベルは高くなる。

　図表6－1はアサエルの製品関与・購買関与による消費者の購買行動を表したものである[1]。これは**製品カテゴリー**に対する消費者の関与レベルと知覚レベルによって分類される。「ブランド間知覚差異」とは当該製品のカテゴリーに属する製品それぞれの違いを理解しているかどうかである。それぞれの製品の違いが十分に理解されていれば「大」に分類され，違いがわからない状態であれば，「小」に分類される。「製品関

第6章　商品に対する関与　｜　75

| 図表6－1 | アサエルの購買行動類型 |

製品関与・購買関与の程度

		高	低
ブランド間知覚差異	大	情報処理型 （complex decision-making）	バラエティ・シーキング型 （variety seeking）
	小	不協和解消型 （dissonance reduction/attribution）	慣性型 （inertia）

出所：青木（2010），p.145

与・購買関与の程度」とは当該消費者の関与レベルを表している。

　関与レベルの高いモノと関与レベルが低いモノの購入では，商品選択の基準は異なるだろうし，それぞれの製品の違いがわかるカテゴリーとわからないカテゴリーでも商品選択は異なるだろう。これらを組み合わせて4タイプに分類したものが，アサエルの購買行動類型である。

　関与レベルが高く，個々の製品の違いを十分に理解できる場合を「**情報処理型**」と呼ぶ。情報処理型に分類されるカテゴリーは自身の関与レベルが高く，個々の製品の違いがわかっているのだから，こだわりのある（あるいは思い入れのある）カテゴリーということになる。そうしたカテゴリーでは，他人からの影響はあまり受けることなく，他者の声に影響されることなく，自身の判断で製品の選択をすることができる。

　それに対して，関与レベルは高いが，製品の違いがあまりよくわからない場合を「**不協和解消型**」と呼ぶ。関心がなく，こだわりがないため，その製品カテゴリーについての情報や知識はほとんど持っていない。しかし，高額なモノの場合，長期間使用することになるため，購入時に関与レベルは高くなる。実際，高額なモノを購入する場合，それまで関心がなかったとしても，あとで後悔しないように，価格や機能などを調べ

てどれにするかを考えるだろう。

　不協和解消型に分類されるカテゴリーは，例えば，冷蔵庫や洗濯機などの生活家電がそれに当てはまるだろうか。普段から気にして情報を集めることはないが，一人暮らしをすることになり，購入するときにはどの程度の価格が相場なのか，どのような機能が付いているのかなどを調べることになる。そしてどのメーカーのどの製品が適しているのかを検討しようとするが，調べてもメーカーごとに違いや製品の違いがあまりよくわからないのではないか。

　この場合，どのようにして購入する製品を決めるのだろう。特にこだわりがあるわけではないし，そのカテゴリーのことについてほとんど知識もないが，購入後に後悔しない製品を選択したいと考える。そのため，知人や店員，あるいはクチコミを大いに参考にして悩みながら購入するモノを決定する。こうした購入は当然のことながら正しい選択ができたのか不安（不協和）があるため，購入後にもネットのクチコミで購入者の声を探し，自身の選択が正しかったと納得（解消）させようとする。また，よくわからないカテゴリーの製品を購入するのだからと安いモノを購入し，1〜2年で故障したときに「安いモノを購入したのだからしかたがない」と自分自身を納得させようとすることもある。こうした消費者の態度から，「不協和解消型」と呼ばれる。

　「バラエティ・シーキング型」は，関与レベルは高くないが，それぞれの製品の違いを理解できる商品のカテゴリーである。こうした商品のカテゴリーでは，「試しに買ってみる」といった，話題性やそのときの気分でその都度購入する商品が変わる。

　例えば，ポテトチップスを購入するとき，いつもは「うすしお」を食べる人でも，「のりしお」や「ブラックペッパー」，「しょうゆ味」などを購入したり，新商品が発売されるととりあえず買ってみたりする。先に説明した洗濯機や冷蔵庫などの購入態度とはまったく異なることがわかる。価格も安く，購入する間隔が短いことから，そのときの気分で購

入する商品がスイッチングされる。このような購入のしかたを「バラエティ・シーキング型」と呼ぶ。

「慣性型」は関与レベルが低く，それぞれの製品の違いがよくわからない場合である。「慣性型」の商品の購入では，特売品で購入するなどもっとも価格の安いモノを選択したり，いつも購入しているモノを選択したりすることが多い。

例えば，食卓にある「塩」や「醤油」などはいつも同じモノを購入している家庭が多いのではないだろうか。また「豆腐」や「納豆」などの購入でも，いちいち他社製品と比較検討をせずに，価格の安いモノやいつも購入しているモノを選択する場合がある。学生たちの持ち物でも「シャープペンシルの芯」や「消しゴム」などは多くの人が特に考えることもなく，どこのメーカーのモノかも気にせず，購入しているのではないだろうか。もしくは，いつも買っているモノを購入しているかもしれない。バラエティ・シーキング型と異なる点としては，そのときの気分で購入する商品がスイッチングすることがあまりないという点である。

アサエルの購買行動類型をもとに，消費者の関与レベルと知覚レベルから4つに分類した。これら4類型は商品の種類によって分類されるわけではない。「慣性型」の例では豆腐，納豆，シャープペンシルの芯，消しゴムを挙げた。多くの人は「慣性型」の購入のしかたと思うが，消費者の中にはこだわりを持っていて，例えば，豆腐の原材料である大豆の生産地や大豆の品種，製造会社を調べる「情報処理型」やときどき気分を変えて「バラエティ・シーキング型」の商品選択のしかたをする人もいるかもしれない。

同じ製品であったとしても，個々の消費者の価値観によって，購買類型のタイプは異なる。

2．池尾の消費者の行動類型

前節では，アサエルは製品・購買関与の程度とブランド間の知覚差異の程度から，消費者の購買を4つに類型化した。高関与・高知覚差異を「情報処理型」，高関与・低知覚差異を「不協和解消型」，低関与・高知覚差異を「バラエティ・シーキング型」，低関与・低知覚差異を「慣性型」である。

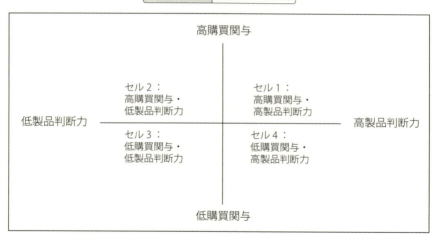

図表6－2　消費者の類型化

出所：池尾（1999），p.116

次に，アサエルと同様に関与レベルから消費者の行動を4タイプに分類した池尾[2]の消費者の行動類型を説明する。池尾は購買関与の程度と製品判断力の程度から，アサエルと同様に2軸から分類している。各セルに名称を付けてはいないが，アサエルと同様の認識を持つものと考えられる。池尾の購買関与とは「購買決定や選択に対して消費者が感じる関心や不安の程度」であり，購買関与が高い場合には，消費者の購買

前の情報探索意欲は高くなる。製品判断力とは，要約度の低い情報を処理できる程度であり，消費者の製品判断力が低い場合には，要約度の低い情報では判断することはできず，それに詳しい知人やクチコミ，専門家の書いた記事などによって判断することになる。

　要約とは，購入しようとする消費者にその製品の性能や技術的な特徴などをわかりやすくまとめたものである。昨今ではそれに詳しい身近な知人よりも，ネット上のクチコミや記事，あるいは YouTube などによる紹介などを参考にしている人が多いだろうか。

　製品判断力について説明を加える。例えば，パソコン（PC）にとても関心があり，専門的な知識を持っているならば，製品カタログにある CPU 性能を表す 10 コア・3.0GHz などといった技術的な情報から，自分自身がもっとも満足する製品を選択するだろう。しかし，PC に関心を持っていたとしても，技術的な情報を理解できないのであれば，「高速の CPU」，「3DCG に適している」などのような，メーカーサイトのキャッチコピーやネットのクチコミなどから選別することになる。こうした第三者の製品の評価を要約された情報という。

　前者は，「CPU 性能は 10 コア・3.0GHz」などの要約されていない情報の意味を自ら考え，選別し得る高購買関与・高製品判断力（図表 6 − 2，セル 1）であり，後者は「高速の CPU」，「3DCG に適している」といった他者により要約された，要約度の高い情報にもとづいて選別する高購買関与・低製品判断力（図表 6 − 2，セル 2）である。

　要約された情報は要約した人の主観がより強く反映するため，購入しようとする当該消費者がイメージするものと一致しているかは定かではない。実際，購入した後にネットによるクチコミが間違っていると思った人もいることだろう。それは一概に嘘のクチコミというわけではなく，クチコミを書いた人のイメージと購入した自身のイメージが一致していなかっただけかもしれない。昨今，企業の宣伝広告よりもネットのクチコミを信じる風潮がある。しかし，クチコミ情報だからといって，

また嘘が書かれていなかったとしても，自身が期待する製品と合致していないことが多い。これについては第7章で詳しく説明する。

　一般に製品判断力は購買経験を積むことにより，経験的に高まると考えられるが，近年は半年程度で次々と新しい製品が発売されている。そのため，買い替えに5〜10年を要する耐久消費財のような製品の場合は，買い替えまでの間に新しい機能が次々と追加され，何度もモデルチェンジしているため，難しくなってきている。

　また，食品では特定保健用食品，機能性表示食品のような商品もあり，ほとんどの消費者は要約された（要約度の高い）情報からしか判断できなくなってきた。要約されていない「ケルセチン配糖体110mg」，「ウーロン茶重合ポリフェノール68mg」といった情報から，判断できる消費者はいないのではないか（私もわからない）。ほとんどの消費者は，「体脂肪を減らす・脂肪の吸収を抑える」などというキャッチコピー（企業による要約された情報）を参考にしている。

　さて，セル1とセル2は，関心が強い，あるいはこだわりを持つ製品・耐久消費財のような高額な製品にあたり，情報収集などの時間や購買にかけるエネルギーは大きい。

　セル1は，その製品カテゴリーに関心が高く，他者の評価ではなく，生の情報から自身で評価ができるため，期待した通りの製品である可能性は高いだろう。セル2はその製品カテゴリーへの関心が高いため，積極的に情報を集めるが，製品仕様などを見ても判断が付かないため，宣伝広告のキャッチコピー，友人・知人やインターネットのクチコミ，店員からの説明をもとに商品選択を行う。そのため，購入後にイメージしたものとは異なる可能性がある。

　セル2に当てはまるものは，冷蔵庫や洗濯機などの高価な耐久消費財にあたるだろうか。特に関心があるわけではないが，高価で長く使用するため，詳しくはないができるだけ良い商品を買いたいと思う。信頼できる知人の説明から選択したとしても，知人の経験や価値意識が自身と

は異なる可能性がある。多くの人が仲の良い詳しい友人に相談して購入したモノが，イメージしていたモノと異なった経験はあるだろう。

　セル3はあまり関心のない製品カテゴリーで，要約度の高い情報から選別する。あまり関心のないカテゴリーであるため，情報収集などの時間や購買にかけるエネルギーは大きくはない。保守的な消費者はこれまでと同じ商品を買い続けることが知られている。また，品質よりも露出効果の高い広告などに影響され，直感的に選択をすることもある。

　セル4はあまり関心のない製品カテゴリーで，要約されていない生の情報を自身で判断できる場合である。アサエルの購買行動類型の「バラエティ・シーキング型」に当たる製品カテゴリーが当てはまるだろうか。また，当初はセル2であったが，何度か繰り返し購入することにより，宣伝広告や知人から話を聞かなくても，使用経験などから自身で判断できるようになり，セル4に移ることがあるとの指摘もある。

【注】
1）　青木幸弘（2010），『消費者行動の知識』，日経文庫。
　　（Assael, Henry（1987），*Consumer Behavior and Marketing Action*（*3rd ed*），Kent Publishing Company.）
2）　池尾恭一（1999），『日本型マーケティングの革新』，有斐閣。

第7章

ネット時代の消費者の購買行動とは

1. 情報の非対称性とフェイク情報

　インターネット（以下，ネット）の普及によって，これまでよりも多くの情報が手に入るようになり，店舗で取り扱っていなかった商品も買えるようになった。ネットが普及する前よりも，より多くの商品の中から自分の好みに合った商品を買えるようになったとも言われている。しかし，実際にそうなのだろうか。これまでの説明をもとに，昨今の消費者を考察してみる。

　ネットが普及する前は，家電製品を購入する場合，家電販売店に出向き，どのような商品が販売されているか，また商品の特徴についてはお店でパンフレットを入手したり，店員に説明を受けたりすることによって，商品の情報を集めた。それ以外では，すでにその商品を購入した，あるいはその**製品カテゴリー**に詳しい友人や知人に話を聴いていた。情報収集の範囲は限られていたといえるだろう。

　それから考えるとネット時代の現在は，店舗に行かずに商品を購入したり，情報収集したりすることができ，とても便利である。商品のパンフレットに記載されていることも，メーカーのサイトからすべて見ることができる。そして，国内で販売していないものも調べることができる

第7章　ネット時代の消費者の購買行動とは ｜ 83

し，そのままネットショッピングで購入することもできる。

　インターネット普及当時，情報の非対称性が注目された。**情報の非対称性**とは取引の主体間における情報の差を意味した言葉であり，ネット普及以前は売り手の方が買い手よりも情報の量・質ともに優位にあるとされていた。売り手である企業は製品の特長，あるいは問題点や欠点を買い手である消費者よりも良く知っている。よって買い手よりも売り手の方が有利といわれていた。

　しかし，インターネットが普及して，買い手である消費者はこれまで手に入らなかった情報まで入手でき，ときには売り手よりも早く売り手の知らない購入者の使用感などといった情報を手に入れられることもある。すなわち，インターネットの登場で情報の非対称性が逆転すると言われていた。

　さて，インターネットが普及して，20年以上経ったが，はたしてそうなっているのであろうか。**ブログや SNS（Social Networking Service）**などのインターネット利用者にさまざまな情報発信ツールが浸透している。ブログや SNS ではほとんどの人が匿名で情報を発信している。仮にネットで仲良くなったとしても，その人の背景や社会的な位置付け（年齢，性別，どのような仕事をしている人なのかなど）はよくわからない。商品のクチコミもそうである。もしかすると，購買意欲を高めるために，当該メーカーの関係者が，一消費者のふりをして商品を褒めているのかもしれない。よく話題になる，いわゆる，「**サクラ**」である。

　しかし，**偽情報**の多くを見分けるのは非常に難しい。例えば，その商品を購入し，利用体験を書いたものが事実であるかは第三者には判断が付かない。もしかすると，当該メーカーの関係者が宣伝目的で書いているのかもしれないし，逆に競合他社の関係者が貶めることを目的に書いたのかもしれない。ネット情報の8〜9割が嘘とも言われている。

　しかし，これはあまりにも大袈裟に感じる。ネットに書込みをする人のほとんどは善意の人であって，わざわざ嘘の情報を書き込む人はごく

少数である。ましてや有名メーカーの関係者が，ヤラセの書き込みをするとは思えない。

　想像してみたらいい。あるメーカーの関係者が，会社からの指示でそうした書き込みをした場合，社内の誰かが暴露するのがSNSではないか。一度でも，こうしたことをしたメーカーは，消費者からは信用されなくなるばかりではなく，会社の業績に大きな影響を与えるだろう。大手メーカーであれば，そうしたリスクを冒すはずがない。そう考えると，嘘がばれたときに，いつでも撤退などができるような海外の中小企業や国内の無名企業くらいしか考えられないのである。

　これについて，これまで説明した消費者行動研究の理論やモデルから考えてみる。第3章第5節で，精緻化見込みモデルを説明したが，そこでは論理的，合理的な商品選択は，「精緻化の動機」があり，その情報の意味を理解できる「精緻化の能力」が必要であると説明した。ネットで情報を集めているのだから，「精緻化の動機」はあるのだが，「精緻化の能力」がないということである。そのため，合理的な判断をしているわけではない。

　そして，クチコミや商品の比較サイトなどのネットの情報から商品選択をするのは，第6章アサエルの購買行動類型の「不協和解消型」であり，池尾氏の消費者の行動類型の「セル2　高購買関与・低製品判断力」である。「不協和解消型」では，「正しい選択ができたのか不安（不協和）があるため，購入後にもネットのクチコミで購入者の声を探し，自身の選択が正しかったと納得（解消）させようとする」と説明した。そのため，購入後に見たいクチコミは「評価の高いクチコミ」であり，「評価の低いクチコミ」は気分が悪くなるものである。

　すなわち，実際に購入後にどうしても不満があり，それを認める場合は参考にしたクチコミに騙された，「サクラ」であった，とすることで自分自身を納得させようとする行為であると考えることができるのではないか。心理学で「防衛機制」という言葉がある。ストレスや不快な感

情の受け入れがたい状況から自身を守るために働く心的役割である。それである場合が考えられる。

２．完全合理的な商品選択行為

　では，インターネット情報の中から，正しい情報か，偽情報かを正確に見分けられる消費者であれば，前節で述べた「ネットが普及する以前よりも，（世の中にあるすべての商品の中から）自分の好みに合った商品を買えるようになった」のだろうか。それには２つの問題がある。次節と合わせて説明する。

　インターネットにより，世界中の商品を探索することができるようになったのは事実である。しかし，どれほどこだわりを持つカテゴリーの商品であったとしても，世界中で販売しているすべての商品を調べる人はいないだろう。せいぜい，比較サイトやレビューサイトを当たることくらいではないだろうか。比較サイトやレビューサイトですらも，世界のすべての製品を紹介してはいないし，仮にそうしたサイトが存在していたとしても，消費者は掲載されているすべての製品紹介を丹念に読む人はいない。すべての製品を知ることは時間的にも不可能だからである。

　第４章のブランド・カテゴライゼーションの概念図の説明で，私たちはすべての商品を購入候補として捉えていないことを説明した。また，知らない商品は最初の段階で購入候補から除外されることを説明した。それはインターネットが普及したとしても変わらない。インターネットによって，膨大な情報を入手できるようになったが，私たち人間の情報処理能力はそれに伴って向上したわけではないからである。

　さて，1978 年にノーベル経済学賞を受賞したサイモンは，**限定合理性（bounded rationality）**[1] について述べている。私たちは限定された範囲（知り得る範囲でのみ入手するだけで，すべてを入手するわけではない）

において，合理的な判断ができると述べた。

　意思決定の合理性について整理すると，以下のようになる。

● すべての選択肢を知っている。
● 選択肢に関するすべての情報を持っている。
● すべての情報を理解する知識がある。
● 選択できる基準となる価値体系がある。
● すべての情報を理解し，考慮できる。

　商品選択に置き換えれば，選択肢とは商品ということになる。存在するすべての商品を知っており，そのすべての商品に関するすべての情報（機能や性能，品質，特徴など）を持っている。また，その情報を理解する完全な知識を持ち得た上で，選択基準を決める自身の価値体系が明確化しており，それを考慮した上で適切に購入すべき商品を選択できる。もし，完全な合理的選択ができるとすれば，「情報」，「知識」，「時間」，そして「価値体系」を完全に持ち得ている必要があるということである。

　図表7－1は購入対象とした製品数とその製品同士で，抜けがなく完璧に比較検討する場合の比較回数を表したものである。もし，ネットで多くの商品を見つけたとして，それをすべて選択候補にすると膨大な検討時間が必要になることがわかるだろう。

　もちろん，第5章で説明したように，私たちはヒューリスティックに商品選択をするため，図表7－1のような商品の比較検討は行わない。ヒューリスティックとは最適解を導き出すものではなく，効率的に解を見つけるため，不適当な解や一貫性のない解を導き出すこともある。

　これからも私たちは無意識に選択の候補とする商品は，あらかじめ絞り込んだモノだけから選択していることがわかる。

図表7－1　製品と比較回数の関係

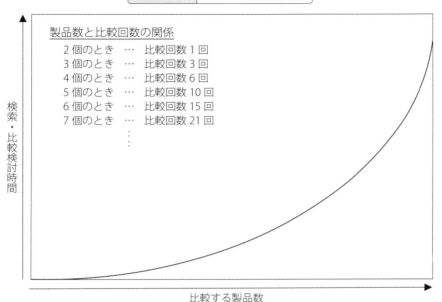

3．ネット利用による商品選択の絞り込み

　インターネットによる商品購入はどのように行われているかを考えてみる。

　先に述べたように，「**入手可能集合**」のすべてが購入候補になるわけではない（第4章参照）。ネットにより，世界中で販売されているすべての商品を見ることはない。検索サイトの上位に出てきたモノ，あるいは商品の比較・レビューサイトを当たることになる。その中から評価の高いモノ，あるいはお勧めされたモノを価格などで絞り込まれ，比較検討し，その中から最終的に購入する商品が決定する。

　さて，こうした購入によって，購入後に商品に満足していたとして，はたしてそれは最適な選択をしたといえるのだろうか。もし，すべての

商品の説明までしっかり見ていたとしたら，除外した（見なかった）商品の中に，より満足する，最適なモノがあった可能性は否定できない。

　購入商品を決定するときには，**クチコミ**情報を私たちは読む。第6章で述べたように，私たちは関与レベルの高い製品カテゴリーですら，池尾の述べた高購買関与・低製品判断力の製品がほとんどである。要約度の高い情報（クチコミ）を参考にしている。クチコミ情報には，嘘やサクラがなかったとして，実際の購入者の本音のクチコミであったとしても，その人がどういう人かわからない。

　例えば，パソコンを購入するときに，初めてパソコンを購入する人と何度も購入している人では評価基準が異なるし，使用感の受け方も異なる。初心者と熟練者では評価レベルに大きな差が生まれることは自然なことである。メーカーも，初心者向けのパソコンや熟練者向けのパソコン，特定の目的を重視したパソコンを開発していることは知られている。例えば，ゲーミング向けやクリエーター向けといったパソコンがある。クリエーター向けといっても，初心者向けの比較的安価なパソコンやプロ仕様のような高性能のパソコンもある。クチコミを書いた人がどのような人かわからずに，それを購入した人のコメントを頼りにできるだろうか。

　初心者の人は「十分満足した」と書くかもしれないが，熟練者の人は「使用に耐えられない」と書くかもしれない。ネット上のクチコミは嘘やサクラではなくても，そうした書き手の違いにより，デマや偽情報と錯覚してしまうことが良くあるのである。

　第6章で池尾の**消費者の行動類型**を説明した製品判断力が高く，要約されていない情報を自身で判断できれば，クチコミ情報を必要としないし，クチコミを見たとしても自身の判断と同じ評価のクチコミだけを選択することができるかもしれない。しかし，クチコミを見ずに，その製品の仕様を見ただけで性能などが理解できる人はごく限られた人であろう。

ところで，外食店評価サイトの店舗評価についてであるが，10代女性の評価と70代男性の評価は同じような評価になるだろうか。高校生に評判の良いお店に年配の客が行って同じように高い評価をするとは考えにくい。逆に年配の人に評判の良いお店に学生が高い評価をするかといえば，そうとも思えないだろう。多くの人が高い評価をしている中で，低い評価をしている人が，少なからずいる理由がわかるのではないだろうか。

また，第2章のマズローの5段階欲求説で説明したが，一人で食事をするときと恋人と食事に行く場合では，お店に求めるものが異なる。一人ならば，お店が汚くても，おいしくて安ければ満足できるが，恋人と行くなら，やはりお店が汚いのは大きな不満になるだろう。これからも外食店評価サイトの評価に，高い評価と低い評価が入り混じるのは自然なことである。自身の行く目的と合致しているクチコミを見つけるのは可能だろうか。

外食評価サイトのクチコミには，年代・性別・人数や同席する人たちとの関係性などの項目がないことが，店のオーナーや利用者の不満になっているように思う。これからもクチコミに多くの期待をしてはいけないことがわかる。

これまで説明したように，商品選択のためのインターネットの情報探索において，現状では「ネットが普及する以前よりも，自分の好みに合った商品を買えるようになった」とは言い切れない。池尾氏の消費者の行動類型からいえば，当該消費者が「高購買関与・高製品判断力」に属するモノについては，「以前よりも，自分の好みに合った商品を買えるようになった」といえるかもしれない（それでも世界中のすべての商品を網羅的にチェックすることは不可能であるが）。

しかし，先に説明したように，昨今の消費者にとって「高購買関与・高製品判断力」に属するモノは限りなくなくなってきている。ほとんどは要約された情報から商品選択するようになっている。その場合，イン

ターネットによってより良い商品選択ができるようになったのかは大きな疑問がある。

4. 消費者行動研究から考えるネット広告

次に**インターネット広告**について考えてみる。広告の重要な役割として，消費者に商品を知ってもらうことがある。この点に着目して考察する。

第4章で説明した**ブランド・カテゴライゼーションの概念図**を図表7－2として再掲する。知名段階では認知している商品と認知していない商品に分けられる。例えば，SNSでは利用者に関心のあるモノをタイムラインの広告に流すように工夫しているわけだが，それでも見ている広告はほとんどないか，限られた広告だけを見ているのではないだろうか。私たちは，知らない企業や知らない商品の広告をあまり見ない。また，それはポータルサイトやブログなどのサイトのネット広告においても同様であろう。

閲覧サイトの広告を見ている人はどれくらいいるだろうか。ときどき，強制的に広告を見せられ，広告を見終わるまで，あるいは数秒間，広告を見ないとサイト内を見ることができないことがある。私たちはこうした広告を見たときに不快な気持ちになる。

広告を強制的に見せた場合，もしかすると，広告の商品あるいはその企業が記憶に残り，知名集合に入るのかもしれない。その後，知名段階から処理段階，考慮段階へと移るわけだが，広告により不快な気持ちになった商品はどの集合に分類されるだろう。考慮段階では拒否集合になってしまうことも少なくないのではないか。ネットで不快な気分になった商品を見たときに，それを購入しようとする消費者はどの程度いるのだろう。

では，テレビCMはどうだろうか。テレビCMはおおよそ15分おきに流れている。これも強制的に見させられているはずである。ところが

第7章 ネット時代の消費者の購買行動とは | 91

図表7-2 ブランド・カテゴライゼーションの概念図

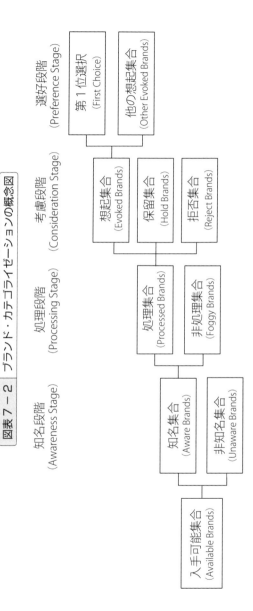

出所：Brisoux and Cheron (1990), p.102 を一部修正

テレビ CM については，私たちは「テレビ CM はそういうもの」，「しかたがない」とテレビ CM を受け入れている。そのため，強制的に見させられているはずの広告でも不快にはならない。広告を見ることを「受け入れている／受け入れていない」という環境によって異なる対応をしていると考えられる。現状のネット広告は，テレビ広告と同じ方向を目指しているように思う。ネット広告は，テレビ広告とは異なるものとして，改良する余地があるということだろう。

　ところで，動画サイトのネット広告には，会費を支払うことで広告を表示しないというサービスも見られるようになった。これに対して，会費を支払っていない消費者が「会費を支払っていないのだから，広告が表示されることもしかたがない」とネット広告を受け入れるようなら，テレビ CM と同様に強制的に表示される広告でも不快感をもたないのかもしれない。これについては，今後の成り行きを見るべきだろう。

【注】

1) Simon, H. A. (1957), *Administrative behavior: A study of decision-making processes in administrative organization*, Macmillan.（松田武彦・高柳暁・二村敏子訳（1965），『経営行動』，ダイヤモンド社。）

第8章

消費者はどのように購買を決定しているのか

1．各学問領域における消費者行動研究

（1）経済学

　消費者行動の研究のはじまりは20世紀初頭の世界恐慌の頃といわれている。さまざまな科学の発展を俯瞰すれば，私たちが危機的状況に陥っているときに必要に応じた形で必要なものが誕生していることがわかる。当初，消費者行動に関する研究は，経済学の領域で進められた。

　経済学を少し学んでいれば，需要と供給，消費性向と貯蓄性向，消費者選好，効用最大化などの言葉を知っているだろう。消費者行動については，その後，ミクロ経済学の分野で展開されてきた。

　当初は**完全合理性**を前提とした**経済人仮説**をもとに，消費者は制約条件下での効用最大化を目指すものという前提であった。ところが経済が発展するとともに，金銭的に個人の自由裁量が増大し，経済学のみで消費者行動を説明することが難しくなってきた。現在の経済学は心理学や社会学の研究を包含して発展してきている。

（2）社会学

　社会学は，家族，コミュニティなどの集団などに関心を持つ学問であ

ることから，それらをベースに消費者の行動を研究する方向が示された。社会の構造やそれを形作る文化や背景から，消費者行動には違いが出てくる。欧米社会とアジア社会では，消費者行動に違いがあることは，なんとなく想像できるだろう。

　もちろん，国内においても違いはある。県民性という言葉があるように，住んでいる地域によって考え方や価値観が違ったりする。歴史や風土に影響されているためと言われている。例えば，コンビニエンス・ストアのおでんは，地域によって出汁の味が異なっていることは知られている。食に関しては，国内であっても地域により違いがある。

　また，同じ地域に住んでいても，私たちはさまざまな集団の中で生活しており，それらの影響からやはり考え方や価値観が規定されていく。例えば，家族という集団，学校という集団，職場という集団などである。

　私たちの価値観は，子供の頃，最初に親によって規定される。乳児の頃から大人になるまで，善悪や道徳観念，そしてお金の遣い方などを最初に教わるのが家族という集団である。そして，その後は学校やクラスという家族外の集団から影響を受ける。学校やクラスごとにそれぞれ雰囲気が異なることを記憶している人も多いだろう。さらには部活動の集団，委員会という集団，就職すると会社という集団に属する。あと，私たちが大きく影響を受ける集団に，よく一緒にいる友人グループがある。

　職場なら部署の集団によっても異なる。学生から，就職先を選別するときに「雰囲気の良い会社」ということをときどき耳にするが，会社ごとに異なることは誰しも知っていることである。また，働いている人なら，同じ会社でも部署によって価値観が異なることを実際に見たり，経験したりしている。

　また，外部からわかる公式な集団だけではない。私たちには仲間がおり，**インフォーマル（非公式）**の友人たちの集団にも属している。そうした集団には公的ではないにしろ，それぞれの価値観や規範が存在して

いる。

友人集団は学校のクラス内に限定されず，クラス横断的に，あるいは学校横断的に作られている場合もある。働いている人も部署内に留まらず，部署横断的，会社横断的な友人集団を持つ人もいるだろう。

『ドン・キホーテ』を書いたミゲル・デ・セルバンテスの言葉に，以下の言葉がある。

Tell me what company you keep, and I'll tell you what you are.

これは「君の仲間を教えなさい。そうすれば，君がどんな人間か教えてあげよう。」という意味であるが，交友関係を知れば，どのような人間であるかがわかるという。私たちは良くも悪くも所属する友人グループにさまざまな影響を受けている。

例えば，所属する集団のほぼすべての人が，ブランド品のカバンを持っていたとしたら，きっと同じように手にしようと思うのではないだろうか。また，熱心な活動をしているクラブやサークルの先輩たちが所有しているモノは，同様に欲しいと思うのではないだろうか。さらに職場で一定の役割や地位を得た人は，筆記具などで，より高価なモノを持つことを無意識に考えてしまう。その集団により，私たちは価値観，態度や行動，そして信念に影響を受ける。こうした心理的な結びつきを持つ集団を「**準拠集団**」と呼ぶ。これまで説明してきたように，親や兄弟などの家族は私たちが最初に所属した集団であり，個人の価値観やパーソナリティにもっとも影響を受けている。

職業，学歴，収入，社会的な地位などで区分される社会階層によっても，消費者の行動は異なるといわれている。また，学生であれば，将来の夢や希望する職業や社会的地位によっても，影響を受けるといわれる。外見的にわかりやすいものであれば，美容や服飾系の職業を希望している学生，音楽・芸能関係を希望する学生の髪型，服装はそれぞれの

あこがれや将来の夢と一致させたものを身に付ける人が多くみられる。

次に，欧米の調査では，店舗選択や製品選択は**社会階層**によって異なるといわれており，情報の源泉も社会階層によって異なるといわれる。学歴や職業により，テレビの経済や教養番組の視聴具合，愛読雑誌などが異なるといわれる。宣伝・広告ではこうした傾向から，掲載する番組や雑誌を選択している。例えば，女性雑誌でも，10代向け，20代向け，30代向けで掲載されている広告が異なることは女性なら知っているだろう。

実社会では，性別，年齢，住んでいる地域，所得，職業，学歴，家族構成などを念頭に製品開発をしたり，店舗の品揃えを考えたりしていることは知られている。性別，年齢，住んでいる地域などの属性を**デモグラフィック特性（人口統計学的特性）**と呼ぶが，社会学の領域で行われていた研究を消費者行動研究でも取り入れている。

（3）心理学

20世紀初頭にワトソンは**行動主義**を提唱した。内的・心的状態によらずとも科学的に行動を説明できるとした。行動主義心理学は行動の観察から心的過程を説明しようとする試みといえる。人間の行動であれば，観察ができない心とは異なり，観察が可能である。そして，行動は外界からの刺激によって起きると考える。外界の刺激によって，反応が起きるというものである。

行動主義のアプローチとして代表的なものには，**パブロフの犬**で有名な，餌（刺激）を与えられると唾液（反応）が出るというものがある。また，**スキナーのオペラント条件づけ**のように，箱の中のレバーを押すことで餌が出てくる仕掛けを作り，ネズミが自発的にレバーを押すようになるというものもある。こうした話は心理学を多少勉強していれば，聞いたことがあるだろう。

その後，1970年代から**認知主義**が心理学研究の主流になっていく。

第8章　消費者はどのように購買を決定しているのか ｜ 97

刺激と反応だけではなく，人間内部の諸要因を研究に組み込むという考え方である。

　私たち人間は動機付けも一つの刺激とみなすことができる。**外発的動機付け**とは，例えば賞罰などである。本来，勉強することは成績を競うことではないわけだが，成績を競わせることにより，勉強をするモチベーションを上げようとするわけである。「次のテストで良い点数を取ったら，プレゼントを上げる」，「次のテストで悪い点数だったら，外出禁止だよ」などというものが，外発的動機付けであろうか。

　内発的動機付けは興味や好奇心などの学習活動そのものに動機付けるものである。勉強をすることで知らなかったことを知る喜びを得て，さらに勉強に対する意欲が出てくるような動機付けを内発的動機付けと呼ぶ。このあたりに関心がある方は心理学を勉強すると良いだろう。

　消費者行動研究も心理学から大きな影響を受けている。古くは行動主義的な「刺激 → 反応」型で研究されており，それは広告にも表れている。刺激（インパクト）の強い広告を流し，消費者に影響を与えようという試みである。1960年代の「象が踏んでも壊れない筆箱」で有名なテレビ CM はそうした流れにあったのではないだろうか。

　認知主義では「刺激 → 人間 → 反応」と人間に焦点を当てている。どのようにすれば消費者の**長期記憶**に入れられるのか，また興味・関心を引き付けるのかに関心が集まるようになったといえる。この頃に経済学，社会学，心理学などの各学問領域を包括した**ハワード・シェス (Howard-Sheth) モデル**が登場し，消費者行動研究として確立することになる。

２．消費者行動の包括的モデル

（1）これまでの消費者行動研究

　これまで説明してきたように，消費者行動は経済学，社会学，心理学

などさまざまな学問領域で研究がされてきた。それをまとめたものが**ハワード・シェス（Howard-Sheth）モデル**と呼ばれるものである。刺激と反応の間に，人間を組み込んでいるモデルである。

それまでは図表8－1で示すように，人間がどのように思考するかはブラックボックスとし，刺激によって反応すると考えていた。ブラックボックス・アプローチではどのような特性を持つ消費者なのか，消費者の心理的要因や購入までの意思決定プロセスを考慮しない。

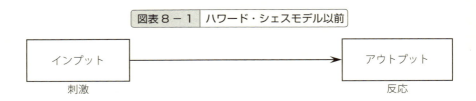

図表8－1　ハワード・シェスモデル以前

ハワード・シェスモデルは，それ以前に無視していた「人間（頭の中）」についても焦点を当てる。これは先に説明した認知心理学を援用することで消費者行動を包括的に説明しようとしたものである。

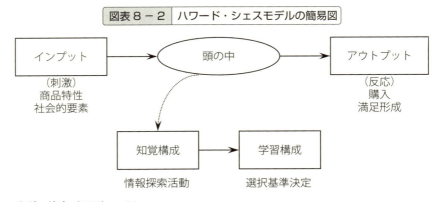

図表8－2　ハワード・シェスモデルの簡易図

出所：清水（1999），p.74

第8章　消費者はどのように購買を決定しているのか　｜　99

　図表8－1と図表8－2¹⁾を比べると，消費者の「頭の中」を解明しようとする試みがわかる。詳細については後に譲るが，インプットでは商品についての情報だけではなく，社会的要素（家族，準拠集団，社会階層）の影響も考慮している。そして，アウトプットでは購入者の満足形成も考慮している。

　ハワード・シェスモデルは，経済学，社会学，心理学などの各研究分野を包括したモデルとして関心を集めたが，消費者は刺激に反応して購入するだけではなく，外部からの刺激がなくても自ら情報収集をし，購入することがある。ハワード・シェスモデルでは，こうした行動が示されていないとの指摘があった。

　消費者は店頭で商品を見ることで，あるいはその商品の宣伝広告を見ることで欲しくなることもあるが，例えば定期的に購入しているモノについてはこうした刺激がなくても，購入することがある。また，友人や知人との雑談の中で商品の存在や好意的な話であれば記憶に残り，購入に至ることもある。私たちは，一方的に外部からの刺激によって，購入するわけではない。すなわち，消費者はハワード・シェスモデルのように受動的に情報を受け取るのではなく，自らも能動的に情報を収集しているのである。

　現在の消費者行動研究では，ハワード・シェスモデルをベースに発展し，消費者を**情報処理システム**として捉えている。そのため，個々の消費者の情報処理能力に依存すると理解されている。

（2）ハワード・シェスモデル

　ハワード・シェスモデルを説明する。図表8－2を詳細に表したものが図表8－3²⁾である。図表8－3では，「投入・刺激表示（インプット）」，「知覚構成」・「学習構成」，「産出（アウトプット）」に分かれていることがわかる。

　「知覚構成」では情報の探索活動，「学習構成」では選択の決定プロセ

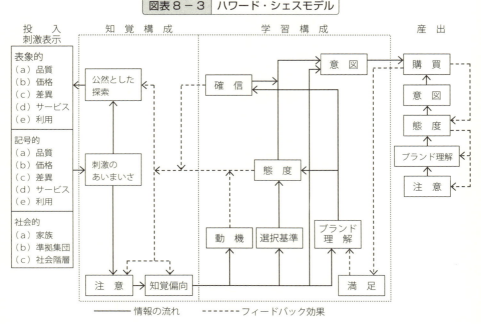

出所：Howard and Sheth (1969), 黒田 (2013), p.30 をもとに一部修正

スを説明している。

「投入・刺激表示（インプット）」について見てみると「表象的」,「記号的」,「社会的」に分かれている。「社会的」についていえば，当該消費者は先に述べたように，家族や**準拠集団**から価値意識に影響を受け，社会階層も商品選択に影響を受ける。例えば，子供が購入するモノを，大人が欲しいと思っても購入をためらってしまうこともある。商品選択では，社会的な影響も受けているということである。

「知覚構成」との関係では，「表象的」と「記号的」は図の項目からも同じように見える。消費者は商品に記載されているキャッチコピーや価格などの記号化（文字や数字など）されたものを受け取るが，それだけでは購入意志の決定には至らない。それを商品やパッケージの色やデザインなどのイメージを含めて知覚する。私たちは商品の価格を見た後，

パッケージや商品の写真などから「値段が高い／安い」,「品質がよさそう」などという感じ方をするが,それは記号的な情報と表象的な情報の不一致から起きるものだと考えられるのではないだろうか。その過程を通じて,その商品に関心を持てば,その関心を持ったポイントに「注意」して理解しようとする。それによって「知覚偏向」がなされ,学習構成に移る。

学習構成ではその商品を購入する動機,選択基準,そしてブランドを理解しようとする。もし,購入しようとする「動機」と商品が一致しなければ,あらためて知覚行為がなされる。当該消費者の商品の「選択基準」に合致しており,「ブランド」に不満がなければ,「態度」形成され,また「確信」になる。そして「購買」する「意図」となる。

産出（アウトプット）後は,購入した商品の使用により,「態度」,「ブランド理解」「注意」にフィードバックされる。

ハワード・シェスモデル以前の刺激−反応モデルでは,知覚・学習構成部分を考慮せずにインプットとアウトプットのみを研究対象としていたが,認知や学習から意思決定プロセスを理解することで,消費者行動研究は発展した。各学問領域を横断したハワード・シェスモデルにより,これ以降,消費者行動論はマーケティング研究の一分野として認知されるようになってきたといえるだろう。

（3）情報処理モデル

消費者は一概にハワード・シェスモデルのように受動的に情報を受け取るのではなく,自らが能動的に情報を収集する。現在の消費者行動研究では,消費者を**情報処理システム**として捉えられている。

これまでの章で,私たちは完全な合理性で意思決定するわけではなく,限定されたさまざまな制約のもとで意思決定していることを説明した。すべての情報が入手,収集できるわけではないし,収集した情報のすべてを正確に理解できるわけではない。仮にそれをできるだけの情報

と知識があったところで，時間的制約のため，一部の商品に限定して情報収集し，評価をしている。

　これは商品選択だけではなく，店舗選択も同様である。例えば，お菓子が食べたいと思ったときに，近隣のすべてのお店を思い浮かべるわけではない。せいぜい近くの2つ，3つのお店を思い浮かべて，買いに行くお店を判断しているのではないだろうか。また家電製品を購入しようとネットで調べるときも，表示されたすべてを調べるわけではなく，検索サイトの上位にあるサイトやなんらかの基準（消費者の主観的な基準）でいくつかに絞り込んでから情報収集しているだろう。消費者は売り手から与えられる刺激によって，購買行動をしているわけではなく，消費者自らが能動的，主体的に情報収集し，考えていることがわかる。

　もちろん，ハワード・シェスモデルが否定されているわけではない。ハワード・シェスモデルのように，宣伝広告や店頭での商品観察という刺激により，情報収集と処理が行われていることもある。テレビCMや新聞や雑誌などの広告による消費者へのアプローチは，ハワード・シェスモデルである程度，説明はできるだろう。また，ハワード・シェスモデルにおける「知覚構成」，「学習構成」は，現在の消費者行動モデルにおいてもベースになっている。よって，ハワード・シェスモデルは否定されたのではなく，それで説明できることには限界があるという理解である。

（4）昨今の消費者意思決定モデル

　昨今の消費者行動研究の中から，包括的なモデルとして **BMEモデル**[3] を紹介する。BMEはBlackwell・Miniard・Engelの3人の頭文字を取ったものである。もちろん，BMEモデルにも限界があり，消費者行動のすべてを説明できるわけではない。それでもこれまでの研究を整理し，妥当と考えられている。このBMEモデルも版を重ねるごとに改定されていることに注意してもらいたい。

第8章 消費者はどのように購買を決定しているのか | 103

図表8-4 消費者購買決定モデル（BMEモデル）

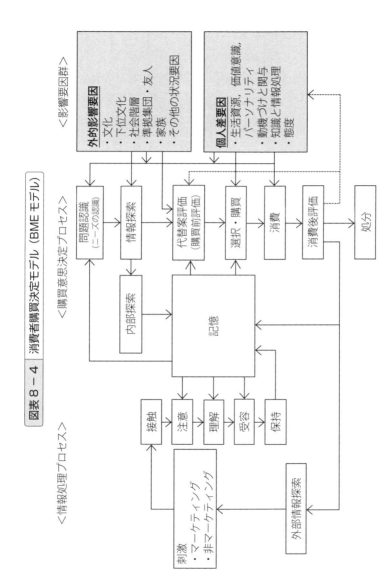

出所：Blackwell, Miniard and Engel (2005), p.85.
青木 (2011), p.63 を参考に一部加筆。

このモデルが前提としているのは，消費者が関心を持っている商品であり，類似商品の比較検討が行われることが前提にある。店舗で衝動買いなどをするようなものには当てはまらない。よって，**アサエルの購買行動類型**の慣性型に当てはまる商品は当てはまらない。

さて，本書では**BMEモデル**を情報処理プロセス，購買意思決定プロセス，影響要因群の３つに分けて説明する。

情報処理プロセスは，外界からの情報について説明する。企業の意図されたマーケティング活動であるか，そうでないかは別にしても，消費者は商品情報に接触する。友人や知人から商品を紹介されることもあるし，商品紹介ではなくても雑談の中や友人が使用していることから記憶されることもある。道を歩いていれば室外の看板，電車に乗れば中吊り広告などを目にする。店舗に入るとPOP広告などもある。友人やネットのクチコミなどで知ることもある。それが情報処理プロセスの「刺激」であり，「接触」である。

「接触」した情報はすべてが記憶されるわけではない。関心を持てば，それを詳しく知ろうという「注意」が働くし，もし関心が持てなければそこで終わり，記憶されることもない。通勤通学している道々に多くの看板があると思うが，ほとんどは記憶にはないだろう。記憶しているのは，なんらかの要因で自身が関心を持って，注意を向けたものである。

「注意」が向くと，私たちはそれを「理解」しようとする。理解すれば，それを「受容」するか，しないかである。商品情報を理解できなければ，あるいは理解しても自身にまったく関わりのないものであったり，受け入れられないと判断したりすれば，やはり消費者の情報処理はそこで終わる。

「注意」，「理解」，「受容」では，消費者の記憶にある経験や情報・知識とともに判断される。「受容」され，覚えておくに足る情報であれば記憶に残る。

私たちの記憶は大きく分けて，短期記憶と長期記憶がある。短期記憶

は一時的に覚えたとしても，数秒程度で忘れてしまうといわれる。よって記憶に残すには短期記憶から長期記憶に移すために「保持」が必要である。長期記憶は長期間覚えておく記憶である。テスト勉強の際に忘れないように記憶しようとするそれと同じである（興味のない科目の暗記は長期記憶に移しにくいことは，これからもわかると思う）。

　次に購買意思決定プロセスを説明する。購買意思決定プロセスでは，消費者が購入したいと思うニーズを認識することから，購入プロセスがはじまる。「問題意識（ニーズの認識）」があると商品に関する情報を「内部探索」として「記憶」から取り出す。

　その中からいくつかの候補（代替案）が挙げられ，「記憶」を辿りながら「購買前評価」をする。候補の絞り込みについては，すでに第5章で説明している。そして「選択・購買」に至る。そして，その後，購入した商品を「消費」することになる。「消費」する過程で「消費後評価」が行われる。「消費」により，当該商品にとても満足／不満足であれば，そうしたことが「記憶」され，その商品の評価が，情報処理プロセスへとフィードバックされる。「記憶」に追加・書き換えが行われ，次の「問題認識（ニーズの認識）」により，商品の購入のときに活用される。当該商品が不要になると「処分」される。

　「影響要因群」の「外的影響要因」は第1節の社会学のところで説明した。私たちは家族や準拠集団，社会階層などの外的な要因に影響を受ける。「その他の状況要因」とは経済環境や社会環境などを想像したらいいだろう。また食の偽装問題などが起きれば，購入する商品に影響がある。

　「個人差要因」は心理学での研究によるものである。それぞれの消費者は価値意識やパーソナリティ，動機付けなどに影響を受ける。これらの「外的影響要因」や「個人差要因」は，「購買意思決定プロセス」の「問題認識」から「消費」までさまざまな影響を受けることになる。

　先に食の偽装問題で影響を受けると説明したが，消費者によっては食

の問題に関心を持たない人もいると思う。これは東日本大震災による原子力発電所の事故による食の安全性でも理解できるだろう。非常に敏感な人やほとんど気にしない人がいることは知られている。それについて，ときどきマスメディアやネットで，噛みあわない議論や意識の温度差が見られていた。これは情報や知識の差とみる論調もあるが，同等の情報や知識を持っていたとしても，個人差要因の違いにより異なる判断をするとみることができる。

人は誰しも同じ情報と知識があれば同じ判断をするはずであると考えがちである。しかし，人それぞれ価値観が違う以上，同じ情報と知識があっても異なる判断をすることを忘れがちである。リサーチする場合にはそうしたことも念頭に，どのようなパーソナリティや価値観を持っているかを調べることも必要なときがある。

【注】
1 ） 清水聰（1999），『新しい消費者行動』，千倉書房。
2 ） 黒田（2013），「第2章　消費者行動へのアプローチ方法」『わかりやすい消費者行動論』，白桃書房。
3 ） Blackwell, R. D., P. W. Miniard and J. F. Engel（2001），*Consumer Behavior, 9th ed.,* South Western.
青木幸弘（2011），『消費者行動の知識』，日経文庫。

第**9**章

アンケートの質問票

1．消費者行動と調査手法

　消費者や顧客に関する調査を実施する場合，消費者行動研究から影響を与える要因を検討した上で，調査計画および実施を進めなければ，精度の低い結果が導き出されてしまう。結果として，実態とは異なった消費者や顧客像を作り上げてしまうことになる。

　例えば，第3章で説明したが，消費者の商品選択が価格と機能・品質だけで決定していると短絡的に考えてしまうと誤った結果を導き出してしまう。消費者の商品を選択する価値は，それ以外にもあることを説明した。第4章では，私たちは認知しているものの中から，そしてその商品がどのようなものかを理解していなければ，購入には至らないことを説明した。第5章では合理的に，そして最適な商品を選択しているわけではなく，ヒューリスティックな絞り込みをして選択していることを説明した。第6章〜第8章でも，消費者の選択についての説明をしている。消費者（顧客）向けのアンケートの場合，それらを検討した上で，質問票を作る必要があるということである。

　消費者のリサーチをする上で，消費者行動を理解していることは必須である。それによって，当該調査で明らかにできること，そして明らかにできないこと（すなわち，その調査の限界について）が説明できるので

ある。そして，適切な調査をしたとしても，分析した結果を正確に伝えなければ（文章化しなければ），誤解を与えることになる。

　以下に，精度の高いアンケート調査をするために注意すべきことを記してみた。

図表９−１	精度の高いアンケート調査をするために

> 1．　質問項目の妥当性
> ✓　調査内容と質問項目の妥当性
> 2．　データの正当性
> ✓　回答者に正しく回答してもらう。
> 3．　分析手法の正当性
> ✓　適切な解析法を選択する。
> 4．　分析結果の解釈
> ✓　数値を理解し，表現する。

　アンケートでは質問を回答者に回答してもらう。そのため，まずは**「質問項目の妥当性」**が第一である。調査の目的を達成するために，それに必要な質問を網羅的に用意しなければならない。必要な質問や回答群にそれが欠けていれば，当然のことながら聞き出すことはできない。

　飲食店の満足度調査を例に考えてみる。その場合，私たちはどのようにお店を評価しているだろう。料理がおいしいかどうかだけで，お店を評価しているだろうか。店員の対応や身だしなみはまったく気にしないだろうか。また，テーブルや床，トイレ，料理を盛っている皿が汚れていても気にならないだろうかなど，さまざまな事柄から私たちはお店を評価していることに気づく。必要な項目が欠けていれば，適切な結果を得られないということである。

　そう考えてみると，ときどき飲食店に置いてあるアンケートの質問票は，調査の役に立っていないことに気づくのではないだろうか（飲食店

第9章　アンケートの質問票 | 109

のアンケート票は，調査を目的にしたものではなく，本部による各店舗の評判の確認や記入者の個人情報の取得，あるいはリピート客の獲得が目的ではないかと思う）。それはここまでの章をしっかりと理解していれば，わかるはずである。

　そして，もちろんアンケートに回答する当該消費者の消費者像がわかるような質問も必要である。同じ20代男性だとしても，異なる評価をしたとすれば，価値意識の違いなど，なんらかの理由があるのだろう。それが何かがわからなければ，リサーチをする意味がない。リサーチは，今後の改善や改良，新事業などに繋がることにある。

　「質問項目の妥当性」では，これまでの章で説明した消費者行動を十分に理解した上で，質問項目を検討する必要がある。

　次に「**データの正当性**」である。適切な調査対象者にアンケートを配布し，適切な回答をしてもらわなければならない。質問内容を誤解されたり，回答群の中に回答者が考える回答がなかったりすれば，精度の高い調査結果を導き出すことはできない。

　適切にアンケートを回収したら，次にそれを集計して分析を行うことになる（**分析手法の正当性**）。適切な解析法を選択しなければ，適切な結果は得られない。本書では解析法については説明をしない。データの解析方法についてはさまざまな書籍が出版されているので，自分に合った書籍を選んで，あらためて勉強してもらいたい。

　そして分析結果をもとに，それを適切に解釈し，調査結果として解説することになる（**分析結果の解釈**）。統計的処理から導き出した数値を適切に文章化していく。

　これらの事柄に注意して，リサーチを行えれば，適切なアンケート結果を得られるだろう。

　調査の精度を大雑把ではあるが，少し説明してみる。ここまで説明した図表9-1の1～4のそれぞれが8割程度の精度であったとしたら，最終的な精度は【$0.8 \times 0.8 \times 0.8 \times 0.8$】であり，結果は【0.4096】であ

る。4割程度の精度しかない調査結果ということになる。よって,「質問項目の妥当性」,「データの正当性」,「分析手法の正当性」,「分析結果の解釈」のそれぞれの精度をできるだけ高くする必要があることがわかるだろう。

　本書では特に「質問項目の妥当性」,「データの正当性」を中心に説明している。先に記したが,第8章までの消費者行動については「質問項目の妥当性」,この章は「データの正当性」についての説明である。

2. 質問票の形式

　アンケートの質問票についての回答法を説明する。回答法には大きく「形式的回答法」と「自由回答法」がある。

2.1. 形式的回答法
　以下に回答法を紹介する。それぞれの具体的な説明と注意点については,次節で説明する。

　形式的回答法は,回答者に対象となる回答に「○」,「×」や対応する回答群にある記号を書いてもらうものである。自由回答法は,自由記述として回答者に文章を書いてもらうものである。

　ところで,昨今,SNSにある商品に対する感想や意見,すなわち自由記述の文章から評判を探り出すことが注目されている。いくつかの分析手法が提示されているが,今のところそうした自由回答を解析することは途上過程にあると言わざるを得ない。また,文章を記述する負担を考えれば,アンケート調査で自由記述が一般的になるのは難しいだろう。現状においても,アンケートの回答者が自由記述欄に記入することは少ない。一部の回答者しか記入しないのであれば,その結果だけで回答者の総意と見なすことはできない。

　ところで,アンケートの質問を考える上で,同一回答者であっても時

第9章　アンケートの質問票　|　111

期や時間によって回答が変わってしまうことにも注意しなければならない。例えば、「コーヒーを飲みたいと思いますか？」という質問に対して、今は飲みたいとしても明日も飲みたいと回答するかはわからない。また、衝撃的な事件や事故が報道される前と後で、回答が変わってしまうような質問もあるだろう。こうした要素がある質問をする場合、何を知りたいのかをよく考え、アンケートの質問のしかたや回収のしかたを考えなければならない。

　形式的回答法は以下のように、大きく2つに分かれている。

①二肢選択法

　「はい」「いいえ」のような2つの選択肢から回答を選択してもらう方法である。2択であることからデリケートな違いを見ることはできないが、複数の質問項目を組み合わせることで、より細かな分類を行うことができる。

②多肢選択法

　3つ以上の選択肢から回答を選択してもらう方法である。回答を一つに制限する**単一回答法**、回答を複数選択してもよい**無制限複数選択法**、複数選択してもよいが選択数に制限がある**制限付き複数選択法**（例えば、「あなたが好きなものを最大3つまで選択してください」などという質問法）がある。

　多肢選択法は他にも以下のようなものがある。

１）意味尺度法

・リッカート尺度法（Likert Scales）

　質問文に対して「非常に同意する」、「やや同意する」、「どちらともいえない」、「あまり同意しない」、「まったく同意しない」のような段階的回答を求める。「どちらともいえない」の回答を除き4段階や6段階に

する場合や7段階や9段階にする場合もある。

　4段階，6段階のように偶数の段階にすれば，「同意する」「同意しない」のどちらかに必ず寄るため，回答者の傾向を見やすいというメリットがある。しかし，質問内容が考えたこともないような事柄の場合，「どちらともいえない」がなければ，適切な回答を得ることができない可能性もある。

　一般に5段階のリッカート尺度法を採用しているアンケートの質問票が多いが，5段階しなければならないというルールがあるわけではない。必要に応じて，7段階や9段階，あるいは4段階や6段階を選択してもよい。もっともよくないことは，そうしたことを考えずに，「リッカート尺度法は5段階が多いから」という理由で，5段階を選択してしまうことである。

・SD法（Semantic differential scales）
　「力強い－弱々しい」，「明るい－暗い」，「やる気がある－やる気がない」などのように，相反する形容詞の対を両極に置く。何段階の回答を用意すればよいかはリッカート尺度法で説明している。

　一般に回答者の多くは極端な回答を避ける傾向があり，中間にある「どちらともいえない」を中心に前後する回答を選択することが多い。こうした回答は実態とは異なる歪みが生じる場合もあることを付け加えておく。

2）順位法
　提示した項目のそれぞれに，順位付けした回答を求める。

3）評点法
　提示した項目に対して，10点満点，100点満点，あるいは「優」「良」「可」「不可」などの評価付けした回答を求め，点数付けした回答を求める。

2.2. 自由回答法
①完全自由回答法
　回答者に自由に記述してもらう回答法である。

②動機調査法（モティベーション・リサーチ）
　深層意識下にある動機を取り出すための心理学的手法をマーケティングに応用したものである。専門的知識を学び，経験を積んだ面接者，あるいはそうした訓練を受けた人のもとで実施しなければ，適切な調査を行うことは難しい。

・深層面接法
　面接者と回答者が1対1で実施する。容易に語れない／語らない部分について面接技法を通じて接近する。非言語コミュニケーション（身ぶり，手ぶりなどのボディーランゲージなど）も重要であり，面接者には専門的知識や訓練が必要である。

・集団面接法
　グループインタビューとも呼ばれる。複数名の参加者に対して，司会が話題を提供し，話し合いをしてもらう。回答者の互いの会話を通じて話題を発展させることが可能である。そのためには参加者が気持ちよく発言できる雰囲気を司会者が作る必要がある。

　完全自由回答法については，次節以降で折に触れて説明したいと思うが，動機調査法などの具体的な手法は他の書籍を当たってもらいたい。

3．二肢選択法の用い方

　二肢選択法とは「はい」「いいえ」のような2つの選択肢から回答を

選択してもらう方法である。

（1）運転免許証を持っていますか？

1．はい

2．いいえ

例えば，上記のような質問および回答法である。

2択から一つを選んでもらうため，デリケートな違いを見ることはできない。そのため「持っているもの」や「やっていること」などのような「はい」，「いいえ」を回答者が明確に答えられることに使用するとよい。それに対して「好き」，「嫌い」などの気持ちはその度合いに曖昧さがある。

例えば，以下のような質問を考えてみよう。

（2）牛丼は好きですか？

1．はい

2．いいえ

このような質問があったとき，回答者はどのように思うだろう。もちろん，「好き」，「嫌い」とすぐに答えられる人もいるだろう。しかし，「どちらともいえない」という人もいるのではないだろうか。

また，回答者の「好き」という気持ちの度合いは人によって違いがあるだろう。「毎日食べてもいいくらい牛丼が好き！」という人もいれば，「どちらかといえば好きだけど，それよりも麺類の方が好き」という程度の人もいる。その人たちをすべて同一視して，「好き」としてしまうと「好き」の程度を知ることはできない。

気持ちは曖昧なものである。そのため，気持ちを知りたい場合は，多肢選択法を用いるのが一般的である。

第9章 アンケートの質問票 | 115

●曖昧な質問文

アンケートの質問では，作成者の意図と異なる意味を回答者が受け取ると適切な回答が期待できない。

さて，先の「**(1) 運転免許証を持っていますか？**」であるが，この質問のしかたもあまり適切な質問文とはいえない。この質問文は「運転免許証を取得している」ことを聞いているのか，それとも「今，財布やかばんなど，実際に運転免許証を所持している」ことを聞いているのか，よくわからない。こうした曖昧な質問のアンケートをときどき目にすることがある。

もし，アンケート作成者が「運転免許証を取得しているか」を知りたいとして，回答者が「取得しているが，今，運転免許証が手元にない」場合に，「いいえ」と答える人も出てくる。

アンケート結果は集計して行われる。回答者が質問の意図を誤解すれば，集計結果も適切な結果にはならない。

4．多肢選択法の用い方

3つ以上の選択肢から回答を選択してもらう方法である。回答を一つに制限する**単一回答法**，回答をいくつでも選択してもよい**無制限複数選択法**，複数選択してもよいが選択数に制限がある**制限付き複数選択法**（例えば，「あなたが好きなものを最大3つまで選択してください」などという質問法）がある。

4.1．多肢選択単一回答法

この質問のように一つだけを選択してもらう回答法を単一回答法と呼ぶ。

```
（3）コンビニを利用していますか？
 1. よく利用している。
 2. やや利用している。
 3. どちらともいえない。
 4. あまり利用しない。
 5. まったく利用しない。
```

●質問作成者の主観と回答者の主観

　さて，「（3）コンビニを利用していますか？」の質問で「よく利用している」とは，どの程度利用していると考えられるだろう。以前，講義で学生にこの質問に回答してもらい，続いて以下の質問をした。

```
（4）コンビニをどれくらい利用しますか？
 1. 毎日
 2. 週4〜5回程度
 3. 週2〜3回程度
 4. 週1回程度
 5. 月2〜3回程度
 6. 月に1回，あるいはほとんど利用していない
```

　（3）で「よく利用している」と回答した学生に，（4）では具体的にどの程度かを聞いたところ，図表9－2のようになった。

　もっとも多かったのは「2. 週4〜5回程度」を選択した学生であったが，「3. 週2〜3回程度」を選択した学生，そして若干ではあるが「4. 週1回程度」を選択した学生もいた。毎日コンビニを利用している学生にとって，週1回程度の利用では「よく利用している」とはいえないと

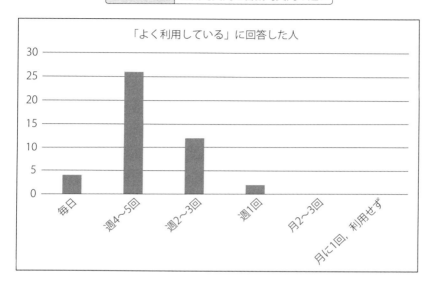

図表9-2 主観的質問と客観的質問の違い

思うだろう。「よく利用している」,「やや利用している」,「あまり利用しない」などに感じる基準は人それぞれである。

　回答者が自身の行動をどう感じているのかを知りたいのなら,(3)の質問で良いが,実際にどの程度利用しているのかを知りたいのなら,(3)の質問形態ではなく,(4)の質問形態が適切といえる。

●多肢選択単一回答法の回答群

　アンケート回答者は質問の回答群の中から選択する。そのため,回答者が思っているものが回答群になかった場合,回答者は回答しないか,いい加減な回答をすることになる。

　そのため,「その他」という回答群を用意することを考える人が多いと思うが,「その他（　　　）」のカッコ内記述がめんどうで記述しないか,あるいは記述しなくても良いように本心とは異なる回答を選択する人も少なからずいる。以下の例から説明してみたい。

> （5）コンビニでよく購入するものを一つだけ選んでください。
>
> 1．弁当
> 2．パン
> 3．飲み物
> 4．その他（　　　　　　）

　コンビニで「弁当」，「パン」，「飲み物」以外によく購入されるモノには，他にもお菓子だったり，スイーツだったり，煙草という人もいるかもしれない。この質問では「その他」を選択する回答者が相当いるのではないだろうか。

　「その他」を記入し，カッコ内に記入しない人が多いことは知られている。記入した回答者がいても自由記述であるため，複数の商品名を書く人もいるかもしれない。そうなると「その他」に記入した多くが集計・分析に使用できないことになる。

　想像してみて欲しい。もし，回答者の半数が「その他（　　　　）」を選択し，カッコ内を記述していなかったとすれば，半数以上の回答者が何を購入しているかわからないことになる。それではアンケートの意味がなくなる。

　私がアンケートの質問票を作成するときには，極力，「その他（　　　　）」を作成しなくてもよいように慎重に回答群を検討している。「その他（　　　　）」を用意すると，分析できない以上，図表9－1で説明した「2．データの正当性（回答者に正しく回答してもらう。）」の精度が低下することに繋がることを考えてもらいたい。

　アンケートを作成する場合，そうしたことも考慮に入れて回答群を用意する必要がある。アンケートの回答の精度を考え，「その他」に記入する回答者の目安を5%以内になるように回答群の項目を考えている（アンケートには，特にそうしたルールがあるわけではない）。そのために，

第9章　アンケートの質問票 | 119

アンケートの質問票を作成後，本調査の前に，少数の人たちにテスト調査を行ってアンケートで作成した質問票を確認している。

4.2.　多肢選択制限付き複数選択法・無制限複数選択法

　多肢選択法の制限付き回答法と無制限回答法の説明をする。「2つまで」，「3つまで」のように選択する数を制限する方法と，制限を設けずに当てはまるものすべてを選択する方法である。

●主観的な回答と客観的な回答

　もし，あなたが図表9－3のような行動様式をしていたとしたら，(6)の質問にどのように回答するだろうか。

図表9－3	ある人の買い物移動行動様式
回答選択肢	実際の行動
1．徒歩	ほぼ毎日
2．自家用車	週に1回くらい
3．自転車	月に2，3回
4．路線バス	月に1回くらい
5．鉄道	年に5回
6．タクシー	年に1，2回

（6）買い物によく使う移動手段を3つまで教えてください。

1．徒歩　　　　2．自家用車　　　3．自転車
4．路線バス　　5．鉄道　　　　　6．その他（　　　　　　　）

　選択は「3つまで」とあるから，「徒歩（ほぼ毎日）」，「自家用車（週に1回くらい）」，「自転車（月に2，3回）」の3つを選択するだろうか。それとも「自転車（月に2，3回）」は月2，3回であるから，「よく使う」と

は言えないと「徒歩（ほぼ毎日）」，「自家用車（週に１回くらい）」の２つを選択するだろうか。それとも週１回程度ではよく使うとはいえないから，自転車も除いて「徒歩（ほぼ毎日）」の一つだけ選ぶだろうか。

　同じ行動様式をする人でも回答が異なることがあることがわかる。それではアンケートで適切な回答を得られているとはいえない。その結果を集計し，分析したところで，精度の高い結果が得られるとは思えない。

　それではどのような質問にすれば，適切な回答を得られるのだろうか。

（7）買い物に週１回以上使用する移動手段をすべて選択してください。

1．徒歩　　　　2．自家用車　　　3．自転車

4．路線バス　　5．鉄道　　　　　6．その他（　　　　　　　）

多肢選択単一回答法の「(3) コンビニを利用していますか？」で説明したが，「よく〜」は回答者の主観による。それによって，回答者の回答にバラつきが生まれてしまう。そのため，回答者の余地を無くした質問が適切だろう。(7) では「週１回」として，回答者の主観の排除を行った。もちろん，回答者本人が自身の行動をどのように考えているのかを知りたいのなら，回答者の主観で回答してもらう必要がある。回答者の主観を知りたいのか，それとも客観的な回答を得たいのかをよく考える必要がある。

　深く考えずに質問文や回答群を用意しているアンケートをときどき見かけるが，こうした点についても注意が必要である。

●多肢選択法における回答群の作り方

　次の (8) のような質問のしかたにも注意が必要である。回答群を見て，回答群のすべてを選択する人もいるだろう。

第9章　アンケートの質問票 | 121

> （8）ネットでどのようなこと・ものを検索しますか？　すべて選択
> 　　してください。
> 　1．購入する商品　　　　　2．食事する店　　3．話題のニュース
> 　4．芸能人やスポーツ選手　5．学校の課題　　6．困ったとき
> 　7．興味のあるもの

　多くの項目が当てはまるような質問において，複数選択法を用いるの
はよくあることではあるが，回答者の人たちが同じような回答になって
しまう場合やすべてが当てはまるような質問を作ってはいけない。
　また回答群には階層の異なる項目も作らないようにすることが必要で
ある。例えば，この例では「6．困ったとき」，「7．興味のあるもの」と
あるが，「5．学校の課題」や「2．食事する店」は「6．困ったとき」，「7.
興味のあるもの」に含まれるのではないだろうか。「2．食事する店」や
「3．話題のニュース」は「7．興味のあるもの」に含まれる。こうした
回答群では「6．困ったとき」，「7．興味のあるもの」は必ず選択される
ことになるし，それに含まれる回答群の選択肢もセットで選択されるこ
とになる。

●組み合わせの質問
　アンケートの質問は組み合わせることで，より詳細な質問を作ること
ができる。

> （9）交通系 IC カードをあなたは持っていますか？
>
> 　1．所有している。　　　2．所有していない。
>
>
> 「2．所有していない」を選んだ人にお聞きします。理由として，
> もっともあてはまるもの1つに○印をつけてください。
>
> 　1．交通系 IC カードの存在を知らない。
>
> 　2．使い方や入手する場所がわからない。
>
> 　3．個人情報漏えいのことなど，いろいろと不安がある。
>
> 　4．使い方などについては知っているが必要性を感じない。
>
> 　5．所有したいと思うが入手する手続きがわずらわしい。
>
> 　6．交通系 IC カードの申し込み時の発行手数料が納得できない。
>
> 　7．その他（　　　　　　　　　）

　この質問は，二肢選択法と多肢選択法を組み合わせている。交通系IC カードの所有を質問し，所有していない人の理由を質問した。

　現在，どの程度の消費者が交通系 IC カードを所有しているのだろうか，また所有していない消費者はなぜ所有していないのだろうか。交通系 IC カードの利用を促進したいなら，現状の交通系 IC カードの所有者の割合，そして所有していない人が，なぜ所有しないのかを知る必要がある。それによって，交通系 IC カードをより普及させる手助けとしてのアンケートができる。

　ところで，交通系 IC カードを利用しているが，著者はカードではなく，アプリを利用したスマートフォンによる利用をしている。そうした人は少なからずいるだろう。スマートフォンを利用している人が，「（9）交通系 IC カードをあなたは持っていますか？」と質問された場合，所有していると回答するだろうか。それともスマートフォンを利用しているのだから，所有していないと回答するだろうか。ある人は「所有して

第9章　アンケートの質問票 | 123

いる」と回答し，ある人は「所有していない」と回答するかもしれない。それでは，やはり精度の高い回答を得られるとはいえない。質問のしかたを検討する必要がある。

●アンケートの本調査とテスト調査

アンケート作成で注意することとして，本調査をする前にテスト調査をする必要があるかを検討することがある。先の（9）の質問で説明すれば，所有している人にとって所有していない人の気持ちは理解しにくいからである。

以前，映画館での鑑賞において，観客動員数を増やすために映画料金の調査をするアンケートを見たことがある。はたして，映画料金の設定によって観客動員数の増加に繋がるのだろうか。たしかに映画館に足しげく通う人たちは映画料金が安くなれば，鑑賞回数は増えるかもしれない。しかし，映画館にほとんど行かない人にとっては，そもそも映画料金がいくらであるのか正確には知らない人も多いし，映画料金が多少安くなったからといって鑑賞に行くとは考えられない。映画館に行かないのは映画料金以外の理由があるのではないだろうか。

自身と消費行動の様式が異なる人を調査する場合は，回答群の作成は慎重に行う必要がある。その上で失敗が許されない調査であれば，テスト調査を行い，あらかじめ自身と消費行動の様式が異なる人を理解しておく必要がある。

5．意味尺度法

意味尺度法は多肢選択法の一種であるが，多肢選択法とは切り離して，意味尺度法を説明する。意味尺度法は消費者の気持ちの具合を質問するときなどに使用される。アンケートの回答者の主観的な回答を得る質問法である。先に説明したが，「よく〜」という回答が，アンケート

の作成者の「よく〜」と思う価値基準と一致しているとは限らない。意味尺度法での回答は，回答者の価値基準から選択したものである。その点を理解した上で，意味尺度法を使用する必要がある。

　意味尺度法の代表的な**リッカート尺度法**を説明する。二肢選択法の「はい」，「いいえ」の２択では答えにくい質問も「そう思う」，「ややそう思う」，「どちらともいえない」，「あまりそう思わない」，「まったく思わない」のように細かく分けることで回答をしやすくする。「とてもそう思う」，「そう思う」，「少しそう思う」，「どちらともいえない」，「あまりそう思わない」，「そう思わない」，「まったく思わない」の７段階でもよい。また昨今のインターネットによるアンケートでは９段階や10段階のリッカート尺度もときどき見かけることがある。

　段階を増やした方がデリケートな気持ちをより詳細に知ることができるが，その分，回答者に考える負担をかけてしまう。そのため，質問が多くなると徐々に回答が散漫になり，信頼できない回答になるリスクをはらんでいる。そのことから意味尺度法による質問が多いときには５段階を用いることが多い。アンケートは回答者の厚意で答えてもらうため，できる限り負担をかけないようにする必要がある。

　また５段階，７段階などの奇数の段階的回答法では，中央に「どちらともいえない」という選択肢を用意することになる。それに対して，６段階，８段階などでは「どちらともいえない」を排除した回答にすることもある。偶数の段階的回答法にした場合，「そう思う」，「そう思わない」のいずれかに偏るため，回答者の傾向をあきらかに知ることができる。

　極端な話だが，奇数の段階的回答法にし，回答者すべてが「どちらともいえない」を選択した場合，回答者の傾向がまったくわからないことになる。仮に，半分の回答者が「どちらともいえない」を選択したとしたら，回答者の半分しか傾向がわからないともいえる。そのため，奇数の段階的回答法よりも偶数の段階的回答法の方が良いといえるのかもし

れないが，「どちらともいえない」がないため，知らなかったことや考えたことがなかったことは答えにくいという点がある。奇数の段階的回答であれば，普段考えていないことは「どちらともいえない」を選択できるので，回答者が答えやすい。回答者が「わからない」という質問がないと思うのであれば，偶数の段階的回答法が良いと思う。

これまでの章で説明したが，消費者の商品選択では関心のあるものはそれほど多くはない。多くは無意識下にある価値意識によって選択している場合が多い。しかし，「普段考えていない」商品を選択するときでも，私たちは「なんでもいい」というわけではなく，しっかり選択している。よって，偶数の段階的回答法でも回答できるという考えもある。

また，アンケートでは「どちらともいえない」という選択肢があれば，回答者は深く考えることもなく，安易に「どちらともいえない」を選択するものである。また，考えることが面倒な場合も「どちらともいえない」を選択しがちである。実際に「どちらともいえない」の回答を選択する回答者は想像以上に多い。こうしたことから「どちらともいえない」を除いた偶数の段階的回答法が良いという研究者がいることを覚えていて欲しい。

とはいえ，普段考えてもいないことをアンケートで考えさせて，回答させるのは回答者にストレスを与えることになる。実際に，偶数の段階的回答法で調査を実施したことがあるが，アンケートが答えにくいというクレームがあったり，無回答の質問が発生したりしたことがある。

アンケート調査の正確さを求めると回答者の負担が大きくなり，アンケートの回答率が低下し，「どちらともいえない」の回答を用意すると調査の精度が落ちてしまうという指摘をする人もいる。意味尺度法において，何段階にするかはとても悩ましい問題である。

要するに奇数の段階法を選択するか，偶数の段階法を選択するかは，アンケート作成者がこうした点を考えながら，自身のアンケートにとってもっとも適したものを選択することである。

意味尺度法はいくつかの関連する質問を用意し，消費者を理解しよう

とする質問のしかたである。いくつかの質問を組み合わせ，回答者の消費者像を明らかにする試みである。例えば，リッカート尺度法による回答から因子分析や主成分分析を用い，調査した集団の傾向を捉えるなどである（分析法については本書では説明しないため，他書を当たって欲しい）。

　以降でリッカート尺度法，SD法を説明する。

5.1. リッカート尺度法（Likert Scales）

　意味尺度法の一つであるリッカート尺度法を説明する。ここでは5段階の回答法で説明する。

(10) あなたは商品情報をどのように（どこから）入手しますか？	そうしている	ややそうしている	どちらともいえない	あまりそうしていない	まったくそうしない
1）チラシやカタログなどを見てから買い物に行く。	5	4	3	2	1
2）商品に詳しい友人にアドバイスを求めたり，クチコミを参考にしたりする。	5	4	3	2	1
3）将来的に購入を考えているものは，新製品が発売されるとあれこれ調べる。	5	4	3	2	1
4）値が張るものを購入するときは，できるだけ店員の話を聞く。	5	4	3	2	1

　(10) では消費者の商品情報の収集について，どのようにして，どこから収集しているのかを，質問を組み合わせ，回答者の消費者像を明らかにしようとした。4つの質問をしている。このような回答者の主観を質問することが，リッカート尺度法である。

消費者の購入に関する情報が，1）は企業の宣伝・広告に影響を受けているのか，2）は準拠集団等，友人や知人やネットのクチコミから影響を受けるのか，3）は消費者自らが積極的に収集しているのか，4）は小売業者から影響を受けているのか，を質問している。どの情報を重点的に参考にするのかは消費者それぞれである。

第8章で説明したが，私たちは CM やチラシなどの宣伝広告だけではなく，準拠集団からも影響を受ける。準拠集団は，価値観がほぼ似ている傾向にあるため，友人たちの薦める商品は，気に入る可能性が高いわけである。しかし，個々の性格やパーソナリティによって，誰もが知人に相談するわけではない。

次に自らネットで調べるなど，積極的に情報収集することもある。特に自身が非常に関心の強い商品カテゴリーの場合はそうである。関心のある特定の商品カテゴリーでは，積極的に情報を収集しようとするだろう。

また，小売業者の役割にはメーカーの代理としての役割と消費者の商品選択へのアドバイスの両方がある。そうした小売業者がどの程度，消費者の購買に影響を与えるのか，またどの程度の消費者が小売業者から影響を受けるのかを知る質問といえる。

先のリッカート尺度の質問は，このような意図から消費者の情報収集として，4つの質問を組み合わせている。おおよそ消費者の情報収集先を知ることができると思う。これ以外でも消費者がどのような価値観を持っているのかを知りたいときはリッカート尺度法を用いる。多くの人がアンケートでこのリッカート尺度法の質問を受けたことがあるだろう。

5.2. SD 法（Semantic differential scales）

SD 法も一見するとリッカート尺度法と同じように見える。SD 法は「力強い－弱々しい」，「明るい－暗い」，「重い－軽い」，「やる気がある－やる気がない」などのように，反対の意味を持つ形容詞を両極に置き，

リッカート尺度法と同様に段階的な回答を求める質問のしかたである。両極に形容詞を置くことからもわかるように，回答者の情緒的な気持ちを理解することに役立つ。「あること」に対して，回答者がどのような印象を持っているかを知る手段として用いる方法である。

SD法は心理学で用いられることが多いが，消費者の調査でもうまく使用すれば有効な手段といえる。例えば「現在の…」，「年代によって…」，あるいは「性別で…」などの分類によって，消費者の好みなどを集計から知ることができるだろう。

（11）では回答者のインテリアの好みについて5段階の回答法を用いて質問している。

（11）あなたは一人暮らしをしたら，どのような部屋にしたいとお考えですか？

	非常に	やや	どちらともいえない	やや	非常に	
部屋の壁 明るい色	5	4	3	2	1	部屋の壁 暗い色
家電製品 明るい色	5	4	3	2	1	家電製品 暗い色
テーブル 明るい色	5	4	3	2	1	テーブル 暗い色
カーペット 明るい色	5	4	3	2	1	カーペット 暗い色

このような質問は，新製品のデザインや配色などの検討に役に立つかもしれない。

繰り返しになるが，意味尺度法はいくつかの質問を組み合わせること

で回答者がどのような人であるのか，どのような考えを持つのかなどを
イメージすることが大切である。家電製品で新製品の検討を行うため
に，家電製品の色についてだけ質問するよりも，部屋やテーブルなど，
様々な事柄を質問する方が回答者はイメージしやすいだろう。

　SD法は消費者の感性や情緒を知る有効な手段といえる。

６．順位法と評点法

6.1. 順位法

　順位法とは提示した項目に，それぞれ順位付けした回答を求める方法
である。こうした順位をつける質問もときどき見かける。以下を例に考
えてみる。

　コンビニエンス・ストアの中でどのお店が好きかを問う質問である。
地域によって，存在するお店と存在しないお店があると思うが，アン
ケートの例として許してもらいたい。

（12）あなたが好きなコンビニの順に番号をつけてください。

（　　）　ローソン

（　　）　ファミリーマート

（　　）　セブンイレブン

（　　）　ミニストップ

　これらに順位を付けた場合，どのような問題があるだろうか。おおよ
そ１位を付けたお店は問題ないだろう。２位を付けたお店も問題はない
だろうか。しかし，３位，４位のお店は，回答者によっては実はあまり
意味がないことなのかもしれない。回答者は，今日は３位を付けても，
明日になると４位を付けるかもしれない。１位と２位はそれなりに回答
者の精度は高いだろうが，３位，４位と下がるにしたがっていい加減な

回答になってしまうことがある。こうしたことは店の評価だけではなく，ほとんどのものがそうだろう。

　下位の順位になるものについては，特に関心が低く些事なことから順位付けの意味があまりない。だからといって，順位法であるから同じ順位を付けることもできないという問題がある。回答者の信頼できる回答が，ある回答者は1位と2位だけ，またある回答者は1位だけ，またある回答者は1位から4位までだったとしたら，精度の高い分析はできない。

　さて，（13）に**制限付き順位法**を説明する。

（13）以下の家電メーカーの中からあなたが好きなメーカーを3つ挙げてください。

①東芝

②日立製作所

③シャープ

④パナソニック

⑤三菱電機

⑥ソニー

第1位（　　　）　　第2位（　　　）　　第3位（　　　）

（12）では，すべての回答群に順位を付けたが，すべてに順位をつけさせた場合，下位の順位はいい加減な回答になるかもしれないことを説明した。制限付き順位法は，すべてに順位をつけるのではなく，上位に限定して順位を付けることができる。それでも下位の順位はいい加減なものになるかもしれないが，すべてに順位をつけさせるよりも回答の精度は高くなると思う。

第9章　アンケートの質問票　|　131

●順位法での回答の分析時の注意点

　仮に高い精度で回答を得られたとしよう。その上でどのような点を注意しなければいけないのかを説明する。

　一つは順位間の差がわからないという点である。例えば，「どちらが1位かを選択することが難しいが，強いていえば…」のように1位と2位の差が非常に小さい回答者と「あきらかに1位はこちらで，2位とは比べるべくもない…」のように1位と2位には大きな差がある回答者でも，順位法では単に1位，2位として扱われてしまう。そのため，各順位間にどの程度の差があるのかは順位法ではわからない。

　次に結果をどのように解説するかである。例えば，制限付き順位法を用いて，数ある商品の中から好きな商品を1位から3位まで回答してもらい，図表9－4のような結果が得られたとする。

| 図表9－4 | 順位法の例（1） |

商品名	1位	2位	3位
A商品	21	33	26
B商品	32	20	15
C商品	5	8	30
D商品	…	…	…
…	…	…	…

回答数100とする。
1位はB商品の方が多い。
3位までの合計人数はA商品の方が多い。

　この結果では1位を選択した回答者がもっとも多かった商品はB商品であった。しかし，数ある商品の中から1～3位に選択した回答者がもっとも多かった商品はA商品である。A商品とB商品のどちらが人気のある商品だといえるだろうか。どちらを選んで人気のある商品だといっても間違いはないだろう。このような場合は，分析者・解説者の主観で決めることになる。そのため，分析者・解説者はどのような理由で，「もっとも人気がある商品は…」としたのかを明記する必要がある。

次に，こうした順位法を使用するときに使われる方法を記す。

●重み付けによる評価のしかた

　一般にこうした順位法では各順位に重み付けをして評価することがしばしばある。例えば，1位には3点，2位には2点，3位には1点のように点数付けをする方法である。各順位に，より差を付けたいのであれば，1位に5点，2位に3点，3位に1点でもよい。重み付けの点数は分析者や解説者が決めるべきものである。この点でも解説者の主観が入ることは理解できるだろう。

　以下に図表9－4の結果から重み付けをした評価を記す。

（1）重み付けを，1位：3点・2位：2点・3位：1点，とした場合
　　　A商品：($\underline{21}$ × 3) + ($\underline{33}$ × 2) + ($\underline{26}$ × 1) = 155
　　　B商品：($\underline{32}$ × 3) + ($\underline{20}$ × 2) + ($\underline{15}$ × 1) = 151
　　　C商品：($\underline{5}$ × 3) + ($\underline{8}$ × 2) + ($\underline{30}$ × 1) = 61

（2）重み付けを，1位：5点・2位：3点・3位：1点，とした場合
　　　A商品：($\underline{21}$ × 5) + ($\underline{33}$ × 3) + ($\underline{26}$ × 1) = 230
　　　B商品：($\underline{32}$ × 5) + ($\underline{20}$ × 3) + ($\underline{15}$ × 1) = 235
　　　C商品：($\underline{5}$ × 5) + ($\underline{8}$ × 3) + ($\underline{30}$ × 1) = 79

　（1）の重み付けであれば，A商品がもっとも評価が高い。しかし，順位ごとの重みの差を大きくすれば，B商品の評価が高くなる。重み付けの割合は分析者・解説者の主観で決められるものである。よって，分析者・解説者の主観によって順位が変わるということである。

　多肢選択法のところで，主観的な回答と客観的な回答の説明をした。そこでは回答者の主観で回答してもらうのか，客観で回答してもらうのかを説明した。しかし，結局のところ，アンケート調査の分析は回答者

か，分析・解説者のいずれかの主観が入るものである。完全に客観的な分析するというのはできないのである。

　昨今の社会は，エビデンスやデータという言葉が新聞やテレビ報道を賑わしている。しかし，データをもとにした議論をしても，解説者がデータを恣意的に利用している可能性は否定できない。アンケートに限らず，それを理解しておく必要があるということである。

　そのため，分析結果の適切な解説は，読者に誤解を与えないように，分析者・解説者のどのような主観が入っているのか，また解説を誤読されないように，提示した結論までのプロセスや基準，ないしは根拠の記載が必要であるということである。

6.2. 評点法

　提示した質問に対して，10点満点，100点満点，あるいは「優」「良」「可」「不可」など，回答者に点数付けした回答を求める。以下を例に考えてみる。

　それぞれのコンビニエンス・ストアについて，回答者の好感度を点数化する質問である。順位法でも書いたが，地域によって，存在するお店と存在しないお店があると思うが，アンケートの例として許してもらいたい。

（14）以下のコンビニの好感度を10点満点で点数をつけてください。
（　　）　ローソン
（　　）　ファミリーマート
（　　）　セブンイレブン
（　　）　ミニストップ

　この方法であれば，点数を付けるため，順位法ではわからなかった1位と2位の差がわかる。また順位法では下位の順位になるほど，正確で

はなくなる可能性があることを指摘したが，評点法であれば，同じ点数を付けることもできるため，順位法よりも精度の高い判断ができるだろう。

ただし，**評点法**は順位法よりも回答者にストレスを与えてしまう。実際に行ってみるとわかるが，順位法と比べて，評点法では回答者がそれぞれの点数の差まで考えることになるため，順位法よりもめんどうであると考えるだろう。そのため，評点法を使用した質問が数多くあった場合，回答の精度は低下する。

また，（14）の質問で，回答者Aと回答者Bのもっとも好感度が高いコンビニがセブンイレブンであり，回答者Aが10点，回答者Bが8点を付けていたとする。この結果から，回答者Bよりも回答者Aの方がセブンイレブンのことを好きだとはならないことにも注意が必要である。これは各回答者の点数化の基準が異なるためである。もしかすると，回答者Aは無条件に最も好きなコンビニに10点を付け，回答者Bは基本的に満点をつけない主義の人かもしれない。評点法の分析をするときは以上のことを考えて，分析をする必要がある。

以下のような**制限付き評点法**もある。

（15）以下の家電メーカーの中からあなたが好きなメーカーを3つ選択し，10点満点で点数をつけてください。

①東芝

②日立製作所

③シャープ

④パナソニック

⑤三菱電機

⑥ソニー

（　）（　　　）点　　　（　）（　　　）点　　　（　）（　　　）点

7．アンケート作成の注意点

これまで説明したことと若干，重複する部分はあるが，アンケートの質問票を作成する上での注意点を説明する。

7.1．アンケートと質問文の量

アンケートの質問は短い文章にした方が良い。アンケートの一つの質問文が，3〜5行あることを想像して欲しい。私たちはアンケートの質問文が長かったとき，しっかり読み取って回答するだろうか。アンケートの質問文は3〜5行だとしても長く，読むことは苦痛になる。しっかりと読まずに回答されると信頼性が無くなってしまう。曖昧で誤解されない文章を短く書くことは難しいが，かといって質問文が長くなることも問題である。

消費者や顧客に回答してもらうアンケートは心理テストとは異なり，回答者自身を知るためのものではなく，企業側や質問者側のために回答するものである。自分のための心理テストのたぐいなら，間違いがないように慎重に回答もしてくれるが，アンケートの質問票はそうではない。よって，回答者の好意に頼ることになる。回答者にできるだけ苦痛やストレスを感じさせることなく，回答しやすい質問を作ることが大切である。

もし，回答の途中でウンザリしてしまえば，途中で回答をやめてしまったり，いい加減な回答をされてしまったりする可能性がある。そのため，質問文は短く，それでいて誤解されないような文章にすべきだし，アンケートの質問の数もできるだけ少なくする方が良いということになる。

しかし，本章の「1．消費者行動と調査手法」で説明したように，必要な質問を網羅的に用意しなければならないし，必要な質問や回答群に

それが欠けていれば，当然のことながら精度の高い結果を導き出すことは困難である。よって，できる限り，多くの質問を用意したいところである（アンケートの目的を達成するためには，少なくとも A4 用紙で 3 〜 4 枚程度は必要になることが多い）。

　適切な質問をできるだけ多く用意すれば，アンケートの精度は上がるが，回答者が飽きてしまい回答の精度は低下することになるし，回答者の回答の精度を高めるために質問数を少なくすると，アンケートの精度が低下する。こうしたことを考慮しながら，アンケートを作成しなければいけない。

　私がアンケートを作成する場合，初めは質問数を少なくすることを考えずに，漏れがないようにすべてを網羅する質問を用意して原案を作成している。その後，類似した質問や重要度が低いと思われる質問を削除するなどして完成に近づけている。

7.2. 使用する言葉や文章

　アンケートは広く一般の人に回答してもらうため，専門的な用語や難しい表現はできるだけ避け，平易な言葉を使用した方が良い。また，対象である回答者を考えて言葉は選ぶべきである。学生がアンケートの質問票の作成者であり，大学内の学生を対象（回答者）にアンケートを取るならば，普段使用している言葉は基本的に回答者も理解できるだろう。しかし，対象が小学生であった場合や高齢者であった場合など，アンケート作成者の普段使用している言葉を理解できるのかは注意が必要である。一般に企業などで行われるアンケートでは，回答者の対象年齢が幅広いため，大人から子供までが理解できる言葉を使用することが求められる。

　例えば，学生たちが使用している「バイト（アルバイト）」であるが，全世代をターゲットにしたアンケート調査で，「バイト」という言葉がすべての人に通じるだろうか。80 代，90 代の高齢者にわからない人は

いるのではないだろうか。全世代に通じる言葉を考えた場合、「バイト」と省略せずに「アルバイト」とした方が無難であるように思う。ではすべての言葉で省略しなければよいのかといえば、それもまた違うように思う。

　「アルバイト」を例にしたので、類似する「パート」という言葉で考えてみる。「パート」は「パートタイム」の省略語として使われている。しかし、一般的には「パートタイム」よりも「パート」の方が浸透しているように思う。

7.3.　具体的な質問の例

●複数の意味を持つ質問

　（16）の質問は、2つの意味を持ってしまう。すなわち「ミネラルウォーターが安い」と「ミネラルウォーターをよく買う」である。

（16）ミネラルウォーターは安いのでよく買う。

　一見、何も問題がない質問のように見えるが、例えば、ミネラルウォーターをよく購入しているけれど、安いという理由ではなく、「健康のため」、あるいは「無味無臭で飲みやすいから」などの理由で購入している人はこの質問にどう回答するだろうか。安いという理由ではないから、「いいえ」と回答する人もいるだろう。基本的に、複数の意味を持つ質問文を作ってはならない。

　どうしても、「安い」ことと「良く購入する」ことを質問したい場合は、2つに分けて質問する方が良いだろう。

（17）ミネラルウォーターは安いことに魅力を感じる。 　　　ミネラルウォーターを良く買う。

●あいまいな質問

（18）の質問も漠然としていて，あまり良くない質問である。

（18）あなたは買い物によく行きますか？

　例えば，毎日の食卓に上がる食料品であれば，最低でも週に一度は買い物に行くだろう。人によっては2，3日に一度は買い物に行っているかもしれない。しかし，服やアクセサリー，家電製品などは季節ごとに1回程度の人もいるだろうし，多い人でも月に1回程度ではないだろうか。

　服やアクセサリーをよく買いに行く人でも，食料品の買い物はほとんど行かない人もいるだろう。逆に食料品はよく買い物に行ったとしても，服やアクセサリーの買い物にはほとんど行かない人もいる。

　「あなたは買い物によく行きますか？」という質問では，対象となる商品カテゴリーが明示されていないため，回答者は思い思いのモノを思い浮かべて回答するだろう。それは回答者から適切な回答を得たことにならないことは言うまでもない。

●心理的な質問

　心理的な事柄を質問する場合，より一層，回答者の気持ちを考えて質問を作る必要がある。

　（19）では「価格」と「品質」のいずれを重視するかを知るための質問を用意した。しかし，この質問のしかたでは適切な回答は得られない。

（19）以下の質問に答えてください。

　1）欲しいと思った商品は安い方が良い？

　2）欲しいと思った商品は品質が良い方がいい？

この質問のしかたでは，ほとんどの人は「商品は安くて，品質が良い方がいい」と答えるだろう。「商品は高い方がいい」，「品質は悪い方がいい」と答える人はほとんどいない。

価格か品質か，どちらを重視しているかを質問したい場合，これらは一つの質問にして，以下のように質問すべきである。

商品を買うとき，あなたは品質よりも価格を重視しますか？
1）品質よりも価格を重視している。
2）どちらかといえば，品質よりも価格を重視している。
3）どちらともいえない。
4）どちらかといえば，価格よりも品質を重視している。
5）価格よりも品質を重視している。

このようにすることで，価格と品質のどちらを重視しているかを判断できるだろう。

ただし，私たちはすべての商品カテゴリーで同じ価値判断を持っているわけではない。家電製品は品質を重視しているからと言って，食品の選択もそうであるとは限らないし，またその逆もそうである。

次に，社会の常識として浸透していることを質問する場合にも工夫が必要となる。以下を例に説明する。

（20）少子高齢化により，将来が不安だ。
1．不安がある。
2．特に不安はない。

少子高齢化の問題はマスコミだけではなく，私たちはさまざまな場面で話を聞く。しかし，少子高齢化による自身の将来について，真摯に考えたことがない人も少なくないのではないだろうか。その場合，「不安

がある」と回答した人は自身の考えではなく，世間でそう言われている
からそう答えたという人も少なからずいる。

　以前，とある科目の初回の講義でこの質問をしたところ，9割以上の
学生が不安であると答えた。こうした一般社会で浸透している事柄は，
回答者本人が考えることなく，無意識に回答してしまう。

　こうした質問についてあらためて回答者が本当はどう思っているのか
考えてもらいたい場合，以下のように質問することで回避できることが
ある。

少子高齢化だが，将来に不安を感じていない。

　1．不安がある。

　2．特に不安はない。

　一般に世間で言われていることと反対のことを質問することで，回答
者に注意を向けることができる。先の，とある科目の初回の講義でこの
質問をしたところ，9割以上の学生が不安であると答えたと書いたが，
最終回の講義で，あらためて，「将来が不安だ」を「将来に不安を感じ
ていない」に変えて質問したところ，「不安がある」と答えた学生は4
割程度になった。同じ質問でも，問いかけ方を変更することによって回
答は大きく変わることも記憶しておいて欲しい。

7.4. 回答者の属性

　マーケティングを学んでいれば，**セグメント・マーケティングやター
ゲティング**という言葉を知っているだろう。セグメント・マーケティン
グでは男性・女性，年代では10代，20代…のように分類し，それぞれ
のグループを念頭に製品開発をしたり，店舗づくりをしたりする。10
代女性の好みと80代男性の好みが異なることは説明するまでもない。
メーカーはそれぞれの層をターゲットとして商品開発や店舗開発などを

第9章　アンケートの質問票　│　141

行っている。

　マーケティングでは，「誰に」，「いつ」，「どこで」，「どのように」，そして「どのような」商品を企画・開発し，その人たちに向けた宣伝広告を行うかを検討する必要がある。そのため，アンケート票には，性別や年齢・年代などの分類ができるような質問項目が必須なのである。

　より熟慮し，これまでにないターゲットを発見しようとするならば，アンケートの質問票ではありきたりの性別や年齢・年代だけではなく，これまでになかった分類を見つけられる回答者の特性を聞き出す質問を用意すべきである。これまで誰も発見していない新たな層を発見できるならば，ビジネスとして成功する可能性がある。

　例えば，「20代女性，OL，独身，一人暮らし，都会在住」をターゲットとする商品開発を行いたいなら，少なくとも性別，年代，職業，配偶者の有無，世帯人数，おおまかな住所に関する質問が必要ということである。それにより，それをターゲットにした製品開発や店舗開発，宣伝広告ができるのである。

　こうした回答者に関する情報や特性を**回答者の属性**と呼ぶ。回答者の属性はアンケートの対象（例えば，商品など）やアンケートの目的をもとに検討する必要がある。

　回答者の属性に関する質問の注意点を考えてみる。

（1）年代・年齢

　先に説明したように，アンケートでは回答者の年代や年齢の質問を加えることは必須であるといえる。「10代，20代，30代…」のような年代の回答群を用意し，回答者にその中から選択してもらう方法と，年齢を記入してもらう方法がある。

　どちらを利用するかによって，分析後の調査結果のまとめで違いが出てくる。年代から選択してもらう方法では，当然のことながら調査結果は「10代は，××の傾向がある」や「20代以下と60代以上では××に

違いがみられる」といった形式になるだろう。

　では，年齢を記入してもらう方法ではどうだろうか。年齢を記入してもらう場合も 20 代，30 代…と年代ごとに集計することができる。それに加えて，年齢から自由に分割できる。

　例えば，高齢者の定義は国連の**世界保健機関（WHO）**では 65 歳以上とされていて，日本の厚生労働省でもそれに準拠している。前期高齢者，後期高齢者という言葉もある。前期高齢者は 65 歳以上 74 歳以下で，後期高齢者は 75 歳以上である。よって，年代を選択してもらう方法を使用した場合，調査結果のまとめの中で「高齢者」という言葉を使用できないということになる。また，消費者行動で考えてみると中学生である 15 歳と，大学生あるいは社会人である 19 歳では商品選択に違いがあることは容易に想像できるだろう。しかし，年代で選択する方法であれば，15 歳も 19 歳も同じ 10 代であり，区別がつかない。

　このように年代を回答してもらうよりも，年齢を記入してもらった方が良いように思う。しかし，経験的にいえば，年齢を記入する質問票の方が年齢欄に未記入が多くみられる。回収率と有効回答数を一つでも多くしたいのであれば，年代を選択してもらう方法の方が良いともいえる。

　いずれにしても，調査結果を分析するときに，どのように年齢・年代を分類するのかをあらかじめ検討してから，年代で回答してもらうのか，年齢で回答してもらうのかを考えた方が良いだろう。

（2）性　別

　性別による考え方の違いや商品選択の違いは理解できるだろう。飲食店の好みも，メニューから選択する商品も異なる傾向がある。先ほど年齢・年代によって好みは異なることを説明したが，性別によっても好みは異なる。そのため，アンケートの質問票には，回答者の年齢・年代と性別を聞く質問は必ずある。性別と年齢・年代を組み合わせることによ

って，「20 代女性」，「40 代男性」などといった分析を行える。アンケートにおいて，少なくとも性別と年齢・年代を回答してもらうことは必須である。

　ところで，昨今，社会的少数派に対する配慮が求められるようになった。性別欄に関するところでは，性的少数者，すなわち LGBTs (Lesbian, Gay, Bisexual, Transgender) に関する回答群も用意すべきではないかとの声を少なからず聴くことがある。性別欄の記載が「男性・女性」だけでは，性的少数者が回答できない，また性的少数者を排除してはいけないという指摘もされるようになってきた。そのため，この点について少し考えてみようと思う。

　アンケートの質問票の分析では「20 代・男性」，「30 代・女性」などと年代や性別ごとに傾向を分析すると前述していた。そのことを念頭に考えてもらいたいのだが，アンケートの回収数が例えば "1000" だった場合に，そのうち社会的少数者は何人程度いるのだろうか。アンケート結果を分類し，信頼できるだけの有効な回答数を確保できるのだろうか。各年代で数人程度の性的少数者がいて，数人の結果をもとに「この世代の社会的少数者の意識は××である」と結論づけられるのだろうか。もしかすると「性的少数者」と包括するのではなく，LGBT をそれぞれ分けた方が良いのかもしれない。それならば，より少なくなってしまう。

　例えば，「10 代・男性・既婚…」などで分類し，その分類ではわずかな回答しかなかった場合，信頼性が落ちることから分析を断念することが往々にしてある。性的少数者の回答もわずかしか得られないのであれば，結果的に分析対象から除外することになってしまう。それは質問票で，性的少数者に配慮したつもりになって，結果的に性的少数者を排除してしまうことになりかねないのである。アンケートでは，もし，性別に「男性・女性」しかなく，回答したくないのであれば，本人の意志で回答をしない選択ができる。

よって，性的少数者のアンケートが必要な場合は，性的少数者を支援している団体にアンケートを依頼する方法が有効であると思う。

ここでは性的少数者を例に説明したが，それだけではなく，昨今は社会的少数者への配慮が求められている。それらも同様で社会的少数者について，深く考慮することなく，アンケートに社会的少数者を分類するための質問項目を用意することは控えるべきと思う。

（3）回答者の属性と回答者世帯の属性

回答者に関する属性には2つある。回答者本人の属性と回答者の世帯に関する属性である。例えば，回答者本人の属性で「収入」を質問する例で説明する。

　Aの世帯：夫婦と子供1人（夫が働き，妻は子育てと専業主婦）
　　　　　夫の年収：2,000万円　　妻の年収：0円
　Bの世帯：夫婦のみ（夫婦共働き）
　　　　　夫の年収：500万円　　妻の年収：600万円

AとBの妻にアンケートを取ったとして，妻の年収を問う質問をして意味があるだろうか。「Aの妻：年収0円」，「Bの妻：年収600万円」である。収入による違いを分析するために，この質問をしたのでは適切な結果が得られない。このような場合は，回答者の収入を問うよりも，世帯の収入を問うべきだろう。それならば，「Aの世帯：年収2,000万円」，「Bの世帯：1,100万円（500万円＋600万円）」で分析した方が良い。

また，学生であれば，仕送りにより，アルバイトをしている人よりも多くの自由にできるお金を持っている人がいるときがある。

このように，回答者の情報や特性を質問する場合，本人の属性が良いのか，世帯の属性が良いのかを検討する必要がある。

第9章　アンケートの質問票 | 145

（4）その他の回答者の属性

　回答者の属性の質問をする場合，性別，年齢，居住地，収入，職業，家族構成などのような**デモグラフィック特性（人口統計学的特性）**を聞く。しかし，それだけではなく，回答者の嗜好性などを質問する方が，多様化した昨今ではより良いアンケートになるように思う。

　多様化している現代において，20代男性，30代女性のような分類でターゲティングをしても，共通する特徴を見出すことが難しくなってきている。例えば，飲食店のアンケートであれば，「飲酒の有無や量」，一人で食事や飲酒をするのが好きなのか，大勢の友人たちと食事や飲酒をするのが好きなのかでも好みは異なるように思う。ブランド志向性，インターネットの利用度合い，アウトドア派・インドア派，友人との付き合い方など，こうした回答者の普段の特徴や趣味，嗜好性を質問することで，新たな発見があるかもしれない。

7.5.　アンケートの質問票の作成のまとめ

　これまで説明してきたように，アンケート票の質問は思い付きで考えてはいけない。そのためには，消費者の調査をするならば，消費者行動研究を学ぶ必要があるし，会社の従業員に対して調査をするならば，組織論や人的資源管理論などの研究を学ぶ必要がある。そうしなければ，あきらかにしたいことを適切に調査することはできない。無意味な質問票を作成することになる。

　過去の調査をもとにアンケートの質問票を作成したところで，その調査の目的とこれから実施しようとする調査の目的が一致していないかもしれないし，当時と今とでは時代背景が異なるかもしれない。過去の調査が表面的に似ているからといって，そのまま使用することはお勧めできない。

　もし，調査に際して，どのような勉強をしなければならないのかが，わからないのであれば，まずはどのような学問領域があるかを知るとこ

ろからはじめなければいけない。本書は消費者，あるいは顧客に対する
アンケート調査を前提に，第1部では消費者行動についての理論やモデ
ル，そして第2部ではそれを前提としたアンケートによるリサーチにつ
いて説明した。

　すでに述べたが，適切な質問文が用意されていたとしても，性別や年
代などによって回答者を細分化することがアンケート調査では欠かすこ
とができない。マーケティングにはセグメンテーション，ターゲティン
グ，自社のポジショニングを検討する必要があるが，それに役立つアン
ケートには属性に関する質問が欠かせない。10代男性の好みと70代女
性の好みが異なることは理解できるだろう。

　ところで，学生がアンケートの質問票を作成すると，回答者の属性欄
に「氏名」や「住所」，「電話番号」などの記入欄を用意することをよく
見かける。皆さんは，見ず知らずの人が作成したアンケートの質問票に，
そうした個人情報を記入するだろうか。飲食店でよく見かけるアンケー
トはがきに記入欄があるので，疑問を感じていないのかもしれないが，
一般にアンケートの質問票に「氏名」や「住所」，「電話番号」などの個
人情報の記入欄は作らない。それだけで，回収率があきらかに低下する。

　最後に，どのような商品，どのような店舗でも，ターゲットを絞って
商品開発や店舗開発をしているし，それに合致したポジショニングを考
えている。マーケティング戦略を立案する上で，アンケート調査などの
リサーチは欠かすことができない。

索　引

A–Z

BME モデル ……………………… 102，104
EBA 型 …………………………… 67，70
LGBTs（Lesbian, Gay, Bisexual,
　　Transgender）………………………… 143
MMO（Massively Multiplayer Online）
　…………………………………………… 40
Place ……………………………………… 28
Price ……………………………………… 27
Product …………………………………… 26
Promotion ………………………………… 29
SD 法（Semantic differential scales）
　………………………………… 112，127，128
SNS（Social Networking Service）… 83
TPO（Time（時）・Place（場所）・
　Occasion（場面））…………………… 55

ア

アサエルの購買行動類型………… 74，104
池尾の消費者の行動類型………… 78，88
意味尺度法……………………… 111，123
インターネット広告…………………… 90
インフォーマル（非公式）…………… 94
栄養機能食品…………………………… 22
エネルギーコスト………………… 42，44

カ

回答者の属性…………………………… 141
外発的動機付け………………………… 97
価格………………………………… 34，35
価値…………………………… 35，36，42

――の変化……………………………… 37
感情的ベネフィット…………………… 46
慣性型…………………………………… 77
完全合理性……………………………… 93
完全自由回答法………………………… 113
関与……………………………………… 74
機能性表示食品…………………… 22，80
拒否集合………………………………… 59
金銭的コスト…………………………… 42
クチコミ………………………………… 88
経済人仮説……………………………… 93
経済のグローバル化…………………… 22
限定合理性（bounded rationality）… 85
行動主義………………………………… 96
考慮段階………………………………… 61
コスト………………………… 41，42，47
コスパ（コスト・パフォーマンス）
　…………………………………… 35，42
コト消費………………………………… 40
コトラーの価値式……………………… 42

サ

サクラ…………………………………… 83
サブスクリプション…………………… 43
時間的コスト……………………… 42，43
市場規範………………………………… 3
辞書編纂型………………………… 66，69
質問項目の妥当性……………… 108，110
実用的ベネフィット…………………… 46
社会階層………………………………… 96
社会規範………………………………… 3
自由回答法……………………………… 113

集団面接法……………………………… 113

順位法…………………… 112, 129, 134

準拠集団…………………… 95, 100, 127

消費………………………………………… 9

―――者……………………………… 10

情報処理型…………………………… 75

情報処理システム……………… 99, 101

情報の非対称性……………………… 83

処理集合……………………………… 59

処理段階……………………………… 61

深層面接法…………………………… 113

心理的欲求…………………………… 32

スキナーのオペラント条件づけ……… 96

制限付き順位法……………………… 130

制限付き評点法……………………… 134

制限付き複数選択法………………… 111

精神的コスト…………………… 42, 45

精神的欲求…………………………… 16

精緻化見込みモデル（Elaboration
Likelihood Model：ELM）………… 49

製品カテゴリー…………… 34, 74, 82

世界貿易機関（WTO：World Trade
Organization）……………………… 21

世界保健機関（WHO）……………… 142

セグメント・マーケティング…… 26, 140

選好段階……………………………… 61

選択肢過多（Choice Overload）……… 54

想起集合……………………………… 59

タ

第 1 位選択…………………………… 60

大量生産……………………………… 19

ターゲティング……………………… 140

多肢選択制限付き複数選択法… 115, 119

多肢選択単一回答法………………… 115

多肢選択法………………… 111, 114, 122

多肢選択無制限複数選択法…… 115, 119

多属性効用理論……………………… 65

多属性態度モデル…………………… 65

多属性ユーティリティモデル…… 66, 68

多品種少量生産……………………… 20

単一回答法…………………………… 111

知名集合……………………………… 58

知名段階……………………………… 61

長期記憶……………………………… 97

デジタルサイネージ………………… 29

データの正当性…………… 109, 110

デモグラフィック特性（人口統計学的特性）
………………………………… 96, 145

等加重型…………………………… 66, 68

動機調査法（モティベーション・リサーチ）
………………………………………… 113

特定保健用食品…………………… 22, 80

ナ

内発的動機付け……………………… 97

二肢選択法………………… 111, 113, 122

偽情報………………………………… 83

入手可能集合……………………… 58, 87

認知主義……………………………… 96

ハ

パブロフの犬………………………… 96

バラエティ・シーキング型…………… 76

ハワード・シェス（Howard-Sheth）モデル
………………………… 97 ～ 99, 102

非処理集合…………………………… 59

非知名集合…………………………… 58

非補償型……………………………… 71

ヒューリスティック………………… 64, 86

評点法……………… 112, 129, 133, 134

不協和解消型………………………… 75

物質的欲求…………………………… 16

物的欲求……………………………… 32

プラザ合意…………………………… 21

ブランド……………………………… 53

―――・カテゴライゼーションの概念図
………………………… 56, 71, 90

ブログ………………………………… 83
プロダクトプレイスメント…………… 29
分析結果の解釈………………… 109，110
分析手法の正当性……………… 109，110
分離型……………………………… 66，69
ベネフィット……………… 41，46，47
補償型……………………………… 71
保留集合…………………………… 59

マ

マーケティング…………………… 24
　――・チャネル…………………… 28

マズローの5段階欲求説…… 13，32，89
無制限複数選択法…………………… 111

ヤ

優勢型……………………………… 66，69
有力多数型………………………… 66，69
4P ………………………………… 25

ラ

リッカート尺度法（Likert Scales）
……………………… 111，124，126
流通経路（流通ルート）……………… 28

《著者紹介》

遠藤雄一（えんどう・ゆういち）

北海道情報大学経営情報学部准教授，博士（経営学）北海学園大学

1987 年　ソフトウェア・コンサルタント株式会社

2007 年　北海学園大学大学院経営学研究科博士後期課程修了

2008 年　北海道情報大学経営情報学部専任講師を経て現職

〈主要業績〉

『流通システムとサプライチェーン・マネジメント第 2 版』（単著），
同文舘出版，2025 年

『キーワードからみる　経営戦略ハンドブック』（共著），同文舘出版，
2023 年

『流通システムとサプライチェーン・マネジメント』（単著），同文舘
出版，2019 年

『食品産業のイノベーションモデル』（共著），創成社，2016 年

『わかりやすい消費者行動論』（共著），白桃書房，2013 年

『現代マーケティングの理論と応用』（共著），同文舘出版，2009 年
ほか

（検印省略）

2025 年 2 月 20 日　初版発行　　　　　　　　　　　略称—消費者

消費者行動とマーケティング・リサーチ

著　者　遠　藤　雄　一

発行者　塚　田　尚　寛

発行所　東京都文京区　　**株式会社　創 成 社**
　　　　春日 2－13－1

電　話　03（3868）3867　　ＦＡＸ　03（5802）6802
出版部　03（3868）3857　　ＦＡＸ　03（5802）6801
http://www.books-sosei.com　振　替　00150-9-191261

定価はカバーに表示してあります。

©2025 Yuichi Endo　　　　　組版：ワードトップ　印刷：モリモト印刷
ISBN978-4-7944-2636-9　C3034　製本：モリモト印刷
Printed in Japan　　　　　　　落丁・乱丁本はお取り替えいたします。

―――――――――――― 経営・マーケティング ――――――――――――

消費者行動とマーケティング・リサーチ	遠 藤 雄 一	著	1,800 円
心理学から解き明かす消費者行動論	中 川 宏 道 津 村 将 章 松 田 憲	編著	3,400 円
ホスピタリティ・マーケティング	佐々木 茂 徳 江 順一郎 羽 田 利 久	編著	2,700 円
クリティカル・マーケティング ―ここが変だよ⁉ マーケティング―	首 藤 禎 史	編著	2,900 円
働く人の専門性と専門性意識 ―組織の専門性マネジメントの観点から―	山 本 寛	著	3,500 円
地域を支え，地域を守る責任経営 ―CSR・SDGs 時代の中小企業経営と事業承継―	矢 口 義 教	著	3,300 円
コスト激増時代必須のマネジメント手法 「物流コストの算定・管理」のすべて	久保田 精 一 浜 崎 章 洋 上 村 聖	著	2,500 円
ビジネスヒストリーと市場戦略	澤 田 貴 之	著	2,600 円
イチから学ぶ企業研究 ― 大学生の企業分析入門 ―	小 野 正 人	著	2,300 円
イチから学ぶビジネス ― 高校生・大学生の経営学入門 ―	小 野 正 人	著	1,700 円
ゼロからスタート ファイナンス入門	西 垣 鳴 人	著	2,700 円
すらすら読めて奥までわかる コーポレート・ファイナンス	内 田 交 謹	著	2,600 円
新・図解コーポレート・ファイナンス	森 直 哉	著	2,700 円
流 通 と 小 売 経 営	坪 井 晋 也 河 田 賢 一	編著	2,600 円
ビ ジ ネ ス 入 門 ― 新社会人のための経営学 ―	那 須 一 貴	著	2,300 円
eビジネス・DXの教科書 ―デジタル経営の今を学ぶ―	幡 鎌 博	著	2,400 円
日 本 の 消 費 者 政 策 ― 公正で健全な市場をめざして ―	樋 口 一 清 井 内 正 敏	編著	2,500 円

（本体価格）

―――――――――――――――――― 創 成 社 ――――――――――――